**인생을
바꾸고 싶다면
그렇게
살지 마라**

Die Not-To-Do-Liste

52 Wege, die größten Lebensfehler zu vermeiden
by Rolf Dobelli
Copyright © 2024 Piper Verlag GmbH, München/Berlin.

All rights reserved. No part of this book may be used or reproduced in any manner whatever without written permission except in the case of brief quotations embodied in critical articles or reviews.

Korean Translation Copyright © 2025 by Mirae N Co., Ltd.
Korean edition is published by arrangement with Piper Verlag GmbH, München/Berlin. through BC Agency, Seoul

이 책의 한국어판 저작권은 BC에이전시를 통해 저작권사와 독점 계약한 ㈜미래엔에 있습니다.
저작권법에 의해 보호를 받는 저작물이므로 무단 전재와 복제를 금합니다.

좋은 삶을 위해
우리가 버려야 할 52가지 태도

인생을 바꾸고 싶다면 그렇게 살지 마라

롤프 도벨리 지음
장윤경 옮김

DIE
NOT-
TO-DO
LISTE

와이즈베리
WISEBERRY

차례

머리말 8

1. 그저 방치해라 · 14
2. 내면의 나약한 자아를 믿어라 · 20
3. 자신이 한 말을 뒤집어라 · 26
4. 내가 제일이다 · 32
5. 기대치를 높여라 · 38
6. 계획 없는 삶 · 44
7. 불행한 결혼 생활의 지름길로 들어서기 · 50
8. 왕관의 무게를 감내하지 마라 · 56
9. 남에겐 물을, 나는 와인을 · 62
10. 나쁜 습관을 고수해라 · 68
11. 어리석은 목표를 세워라 · 74
12. 마시고 또 마셔라 · 80
13. 다른 사람의 일에 참견해라 · 86
14. 나의 경험에서만 배워라 · 92

15. 소셜 미디어에 빠져라	98
16. 길이 막힌다고 화내기	104
17. 부정적인 사람들을 곁에 두기	110
18. 이웃과 싸울 거리를 찾자	116
19. 약물에 의존해라	122
20. 한길만 걸어라	128
21. 가볍게 굴지 마라	134
22. 죄책감에 빠져들어라	140
23. 은덕을 모르는 사람이 되어라	146
24. 보상 체계를 따라라	152
25. 의심만이 살 길이다	158
26. 다른 사람을 이해하지 마라	164
27. 과거에 머물러라	170
28. 내면의 목소리를 따라라	176
29. 인간은 합리적이라는 믿음	182
30. 허무주의자가 되어라	188
31. 늘 최악을 가정해라	194
32. 돈이 없으면 없는 대로	200
33. 자기 연민에 빠져라	206
34. 구속하고 집착하고 복종해라	212
35. 벼락 부자를 꿈꿔라	218
36. 생각의 회전문에 빠져라	224

37. 평판을 돈으로 바꿔라	230
38. 온실 속 화초가 되어라	236
39. 감정에 휩쓸려라	242
40. 스스로 목숨 끊기	248
41. 잘못된 결혼을 지속해라	254
42. 용서 없이 계속 원망 속에 살기	260
43. 이념에 몰두해라	266
44. 타인을 바꾸려고 애써라	272
45. 내 생각은 말이야	278
46. 가능한 모든 일을 동시에 해라	284
47. 피상적으로 일해라	290
48. 주변에 이상한 사람을 두어라	296
49. 항상 경쟁해라	302
50. 어떤 것이든 '좋다'고 말해라	308
51. 스마트 기기로 삶을 채워라	314
52. 콘텐츠의 홍수에 빠져라	320

맺음말 그리고 감사의 말 325
일러스트 작가에 대하여 331
저자의 당부 332
참고 문헌 333

나의 아내 클라라 마리아 바구스 Clara Maria Bagus 와
우리 아들들에게 이 책을 바칩니다.

머리말

나는 수년 전부터 실패담을 수집하고 있다. 다른 이들이 레코드판이나 비디오 게임기 또는 빈티지 옷을 모으듯이, 나는 인생에서, 일터에서, 결혼 생활에서, 그리고 가족 관계에서 실패한 이야기들을 모은다.

"모든 행복한 가정은 서로 닮았으나, 불행한 가정은 모두 저마다의 이유로 불행하다." 세기의 소설로 불리는 레오 톨스토이Leo Tolstoi의 《안나 카레니나》를 여는 첫 문장이다. 다시 말해 순수한 행복은 독자를 지루하게 만든다. 행복은 단조롭고 무미건조하며 일차원적이다. 행복은 테플론 코팅처럼 매끄럽다. 반면에 불행은 세상을 훨씬 더 많이 드러낸다. 불행에는 구조가 있다. 그리고 우리에게 무언가를 가르쳐준다. 그래서 나는 불행을 모은다.

많은 대학이 졸업식 자리에 축사 연사를 초청하여, 이제 막 사회로 진출하는 젊은이들에게 도움이 될 만한 몇 가지 삶의 지혜를 전하도록 한다. 초청된 사람들은 대부분 같은 대학을 졸업한 선배이자 아주 높은 위치에까지 오른 유명 인사다. 1986년 6월 13일, 하버드대학교 졸업식도 예외는 아니었다. 당시 예순두 살이던 투자 전문가 찰리 멍거Charlie Munger를 연사로 초대했다. 멍거는 하버드대 동문으로 워런 버핏Warren Buffett과 함께 역사상 가장 큰 성공을 거둔 투자 지주회사 버크셔 해서웨이Berkshire Hathaway를 세운 인물이다. 그날 멍거의 연설은 매우 이례적이었다. 제목부터가 기이했다. 바로 '불행한 삶을 보장하는 법How to Guarantee a Life of Misery'이었으니까. 성공적인 삶을 위한 조언 대신, 멍거는 실패한 삶으로 가는 네 가지 길을 이야기했다. 관점을 완전히 뒤집은 것이다.

정말 탁월한 묘안이었다. 부정적인 조언이 긍정적인 조언보다 더 의미 있고, 더 분명하며, 훨씬 오래 기억에 남는다. 행복에 관한 수많은 연구에도 불구하고, 우리는 여전히 무엇이 우리를 행복하게 만드는지 정확히 알지 못한다. 하지만 우리는 무엇이 행복을 파괴하는지는 분명히 알고 있다. 우리는 무엇이 우리를 성공하게 하는지 명확히 모른다. 하지만 우리는 무엇이 성공을 가로막는지는 잘 알고 있다. 그러니 그 '킬러'들을 주의 깊게 살피고, 그들이 다니는 길에서 벗어나면 올바른 길은 자연스레 눈앞에 드러날 것이다.

멍거의 아이디어는 전혀 새로운 것이 아니었다. 프로이센 수학자 카를 구스타프 야코프 야코비Carl Gustav Jacob Jacobi는 일찍이 19세기에 이러한 사고방식을 적용했다. 야코비는 과학적 문제를 이따금 완전히 뒤집어야만 풀어낼 수 있다는 사실을 깨달았다. 전문 용어로 '반전Inversion'이라고 한다. 알베르트 아인슈타인Albert Einstein 또한 아이작 뉴턴Isaac Newton의 중력 이론을 맥스웰Maxwell 방정식에 적용하면서 과학적 반전을 꾀했다. 장기 투자자들은 '어떤 상황에 부딪혀야 그 회사가 망할까?'를 먼저 생각한다. 그런 후에 그 시나리오로도 절대 무너지지 않을 기업, 예컨대 미국의 코카콜라나 스위스의 융프라우 철도 같은 곳에 투자한다.

찰리 멍거의 재담에는 종종 반전이 담겨 있다. "내가 어디에서 죽을지 말해주시오, 그러면 그곳엔 절대 가지 않을 테니." 멍거는 뛰어난 투자가일 뿐만 아니라 후추처럼 톡톡 쏘는 말을 주저하지 않는 독창적인 사상가였기에 나는 그의 말을 자주 인용하곤 했다. 안타깝게도 그는 내가 이 책을 집필하는 동안 아흔아홉의 나이로 세상을 떠났다.

다시 '반전' 이야기로 돌아와 보자. 우리는 성공 요인은 전반적으로 과대평가하면서, 실패 요인은 전반적으로 과소평가한다. 왜일까? 성공한 기업과 사례, 사람들은 미디어에 수없이 등장하기 때문이다. 반면 실패한 것에는 아무도 관심을 가지지 않는다. 실패한 사람은 자서전을 쓰지 않는다. 설령 쓴다고 해도 책으로 펴낼 출판사를 찾거나 즐겨 읽을 독자를 찾기란 어려울 것이다. 그래서 우리는 실패 요인을 찾는 대신 성공 사례를 연구하고 분석하며, 이를 한데 묶어 성실하게 따르면 성공할 수 있다는 환상을 품고 산다. 성공 사례를 좇는 대신 차라리 실패한 회사, 실패한 프로젝트, 실패한 사람, 실패한 부부, 실패한 가족의 묘지를 찾아가 보자. 그로부터 가장 많이 배우게 될 것이다. 무엇을 피해야 하는지를 알게 될 테니까.

내가 펴낸 열두 권의 책 가운데 세 권은 커다란 성공을 거두었지만 몇몇은 문자 그대로 실패작이 되었다. 《스마트한 생각들》이 대체 왜 세계적인 베스트셀러가 되었는지 나도 잘 모르겠다. 하지만 나는 나의 실패작들이 왜 실패했는지는 정확히 알고 있다. 세상을 비틀어 바라보면 어둠 속에 빛이 보인다.

나의 전작들은 전통적인 졸업식 축사에 해당된다. 명료한 사고와 현명한 행동 그리고 더 나은 인생을 위한 조언들이 주로 담겨 있다. 지금 당신 손에 들린 이 책에서 나는 역전을 시도한다. 피하는 편이 더 좋은 사고 패턴과 행동 방식을 모아 이른바 '하지 말아야 할 일 목록 Not-To-Do-List'으로, 다르게 표현하면 '어리석음 백과사전'으로 묶어 전하려고 한다. 이런 것들은 미리 알고 있으면 얼마든지 피할 수 있다.

글을 쓰는 동안 나는 우리 아들들을 내내 염두에 두었다. 나는 우리 아이들이 언젠가 성인이 되었을 때 다음과 같은 말을 하며 이 책을 건네는 상상을 해보았다.

"부디 이 책이 너희들의 인생에서 벌어질 몇몇 문제들을 해결해 주길 바라마. 여기에서 말한 52가지를 피한다면 용기와 자신감을 가지고 미래를 바라볼 수 있을 거야."

그러면 아이들은 웃으며 이렇게 말할지 모른다.

"세상 다정한 우리 아버지, 정말 고마워요. 그런데 사실 우리는 해외여행을 보내주시거나 괜찮은 자동차를 사주실 줄 알았어요!"

롤프 도벨리

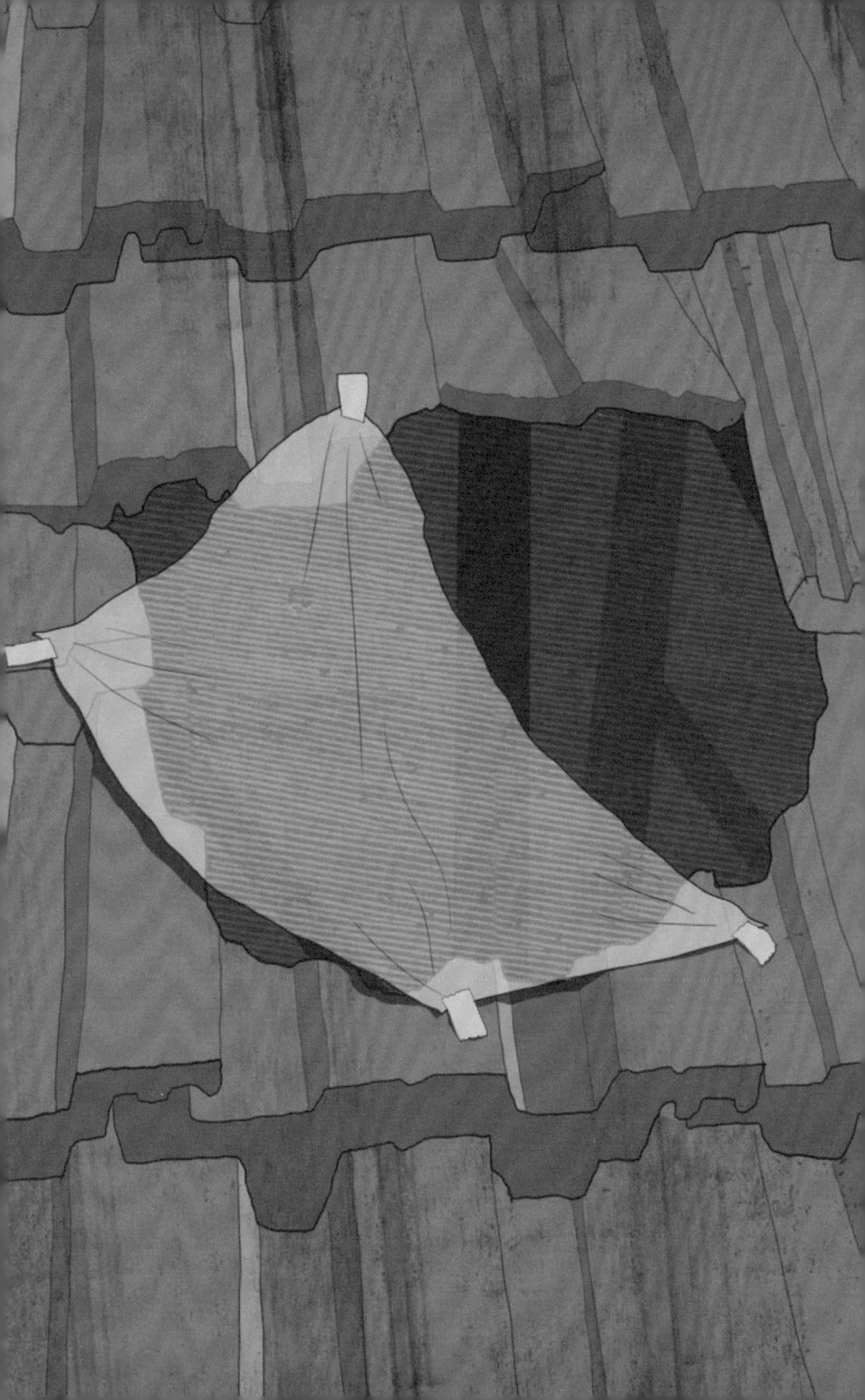

1
그저 방치해라

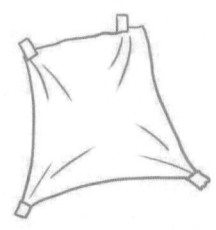

옛날 옛적, 비가 새는 낡고 오래된 집에 사는 남자가 있었다. 그는 비가 내리면 "지금은 고치기가 어려워"라며 넘기고, 날이 개면 "당장 고치지 않아도 되잖아"라며 손을 놓았다. 불행한 인생을 살고 싶다면 이 남자처럼 하면 된다. 집과 차, 몸과 마음, 일과 인간관계. 이 모든 것을 포함한 인생을 방치하면 된다. 어떤 일이 생겨도 무시해라. 이렇게만 하면 인생이 시들어 가는 건 시간문제다.

이성의 조용한 목소리

폭풍우가 몰아치던 2018년 8월 14일 화요일. 이탈리아 리비에라 지역과 프랑스 연안을 연결하는 주요 간선 도로에 위치한, 제노바의 모란디 다리가 무너졌다. 이탈리아 건축가 리카르도 모란디Riccardo Morandi가 설계하여 1967년에 완공된 이 다리는 세 개의 철근 콘크리트 기둥이 프리스트레스트 콘크리트 케이블을 지탱하는 구조로, 당대의 혁신이라 불렸던 건축물이었다. 하지만 전문가들은 콘크리트와 버팀목의 부식에 대한 심각한 우려를 표하곤 했다. 구조적 부식에 대한 경고가 수년간 이어졌으나 아무런 조치도 이루어지지 않았다. 결국 그날, 교량의 중간 부분이 내려앉고, 수십여 대의 차량이 40미터 아래로 추락하고 말았다. 곧이어 생존자를 구하고 사망자를 수습하기 위한 구조 작업이 분주하게 진행되었다. 다리는 빠르게 재건되었고, 2년 뒤인 2020년 8월에 다시 개통되었다. 영웅 구조대원들과 다리를 새로 설계한 유명 건축가 렌조 피아노Renzo Piano까지 한자리에 모여 재개통을 축하했다.

폭풍우로 모란디 다리가 무너진 그날, 내 사무실 근처 스위스 베른의 펠제나우Felsenau 다리는 무너지지 않았다. 1974년에 완공된 이 다리는 스위스 간선 도로망의 중심축이다. 다리의 구조와 연식, 건축 자재와 길이, 그리고 교통량 등을 따져보면 제노바의 모란디 다리와 매우 비슷하다. 하지만 베른에서는 어떠한 축히 의식도 없었다. 다리의 유지와 보수에 책임이 있는 전문가들은 아무런 치하도, 상장도 받지 못했다. 지역 신문에 기사 하나 올라오지 않았다.

유지하고 보수하는 일은 영웅적인 행위가 아니다. 주목받지 않는다. 화려하지도, 감동적이지도 않다. 그렇다고 해서 영웅적인 행위보다 덜 중요한 것은 아니다. 오히려 그 반대다. 우리는 '위험에서 구해준 순간'을 영웅화하면서, 그 위험 자체를 막아온 일상의 노력들은 무시한다. 웅장한 설계와 건축은 감탄하면서, 조용하고 지속적인 유지 보수 작업의 가치는 전반적으로 과소평가한다.

사적인 공간에서 벌어지는 일, 즉 사랑도 건강도 관계도 그렇다. 우리는 치명적인 심근 경색에서 구해준 외과 의사는 칭송해 마지않는다. 하지만 정기적인 건강 검진으로 대장암을 예방하도록 해준 내과 주치의는 칭찬하지 않는다. 우리는 꿈에 그리던 이상형이 청혼하거나, 황홀하게 청혼받은 순간은 영광스럽게 생각한다. 하지만 날마다 단조롭게 많은 시간을 들이며 유지되는 관계의 가치는 얕잡아 본다. 독일의 배우이자 작가인 하페 케르켈링Hape Kerkeling의 말처럼 "사랑은 일, 일, 일이다".

비즈니스 세계에서도 유지 보수 담당자는 담벼락에 핀 꽃처럼 푸대접을 받으며 근근이 살아간다. 회사의 설립자나 기업을 회생시킨 CEO는 축하를 받는다. 하지만 수천에 이르는 작업장, 데이터 센터, 전기 공급망, 물류 창고, 그리고 쓰레기 수거장 등을 유지하고 관리하는 수백만의 중간 관리자는 아무도 기억하지 않는다. 《뉴욕 타임스》의 칼럼니스트 데이비드 브룩스David Brooks는 눈에 잘 보이지 않는 중간 관리자를 두고 '우리 시대의 이름 없는 영웅들'이라고 표현한다. 그럼에도 이들에 대한 이야기에는 누구도 관심을 갖지 않는다.

진정한 영웅은 전쟁에서 승리한 장군이 아니라 전쟁을 막은 개인이다. 국가 간의 소통을 유지하며 효과적인 억지력을 확보한 정치인, 외교관, 공무원들 말이다. 그런데 전쟁 자체를 일어나지 않도록 한 외교관에게는 훈장을 주지 않는다. 누가 일어나지 않은 일을 기념하겠는가. 그의 회고록을 읽는 사람이 있기나 할까?

결론은 이렇다. 양심적으로 관리한 사람에게 주어지는 상장은 없다. 그럼에도 관리야말로 삶을 지탱하는 핵심이다.

좋은 삶을 위한 조언 하나. 물건이든 상황이든 고장나게 내버려두지 마라. 늘 조심하고 문제가 생기기 전에 살펴라. 최신의 제트 엔진을 유지 보수하는 일을 맡은 기술자처럼 말이다. 그는 정비만 하지 않는다. 온도, 압력, 진동을 '실시간으로 모니터링'한다. 미세한 이상이 감지되면 곧바로 비행기 운항은 중단되고 점검이 시작된다. 우리는 이러한 원칙에 익숙해져야 한다.

계단을 오르는 게 예전보다 힘든가? 당장 병원으로 가 진단을 받아라. 배우자가 까칠해졌는가? 진지하게 대화를 나눠라. 집에 바퀴벌레가 보이기 시작했는가? 처치하기가 곤란해지기 전에 해충 박멸 전문가를 불러라. 문제가 생기기 전까지 기다리지 마라. 그러기 전에 아무 일도 없게 만들어라.

2
내면의 나약한 자아를 믿어라

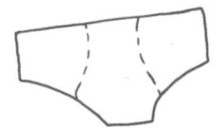

오늘날 우리는 자기 통제라는 전염병을 앓고 있다. 자기계발서 중 절반은 자발적 동기 부여를 설파한다. '당신의 한계를 허물어라', '자기 통제의 힘', '동기 부여의 신화' 같은 제목이 늘 베스트셀러 목록을 차지한다. 부디 이런 유사 종교에 전염되지 말지어다. 저런 제목을 내세운 작가들은 돈벌이로 글을 쓸 뿐이다. 책을 보고도 의욕이 생기지 않는가? 그건 중추 신경계가 '이건 정말 아무짝에도 쓸모없다'고 명확하게 말해주는 신호다. 그렇지 않다면 수백만 년의 진화가 왜 이런 감정을 발전시켰겠는가? 그러니 내 안의 나약한 자아, 내면의 돼지개Innerer Schweinehund를 믿어라. 이 돼지개는 가장 신실한 친구다. 돼지개가 울부짖으면 모든 것을 내려놓고 부드럽게 쓰다듬어주자. 함께 놀면서 소시지 몇 조각 던져주자.

동기는 외부에서 와야 한다. 자기계발서들이 말하는 것처럼 내부에서 샘솟지 않는다. 동기가 지하 창고에 틀어박혀 있다면, 그건 당신 탓이 아니라 세상이 잘못한 것이다. 세상이 당신을 침대 밖으로 이끌지 못했다면, 실패한 쪽은 당신이 아니라 세상이다. 그러니 계속 침대에 누워 있어라. 자발적 동기 부여란 플라스틱처럼 인공적이고, 살충제처럼 부자연스럽다.

  자연에 사는 동물을 봐라. 고릴라는 가만히 앉아 있다가 이따금 털을 고르며 먹은 것을 소화시킨다. 스트레스를 받고 기분이 나쁜가? 무언가 잘못됐다는 신호다. 참고로 인간은 유전자의 98퍼센트가 고릴라와 일치한다. 따라서 철저한 통제와 성과를 말하는 사람을 따르는 것보다 고릴라의 삶을 본받아야 한다. 의욕이 없으면 없는 것이다. 흥미가 없으면 그냥 없는 것이다. 우리의 진화적 조상들도 이미 알고 있지 않은가.

  그렇기에 우리는 다음의 좌우명을 진지하게 받아들여야 한다. 오늘 할 수 있는 일은 기꺼이 내일로 미루자. 뜻이 맞는 사람들과 함께 모여 '의지'를 찬양하는 자기계발서를 비웃는 모임을 결성해도 좋다. 더 나아가 국제 망설임 운동을 시작해 보는 건 어떨까. 아니, 그냥 하지 말자. 이 또한 너무 많은 에너지와 노력이 들어갈 테니까.

이성의 조용한 목소리

  '내면의 돼지개'란 대략 백여 년 전부터 독일에서 사용되어

온 용어로, 제2차 세계대전 이후 체육 교사들이 활기 없이 축 늘어진 아이들을 큰 목소리로 다그칠 때 사용되면서 널리 퍼졌다. 다시 말해 본능적인 게으름을 뜻하는 말로, 이를 훈련과 의지력으로 극복하려 한 것이다. 하지만 냉정히 말해 게으름, 즉 내면의 돼지개는 진화가 선택한 생존 전략이다. 수렵과 채집을 하던 조상들에게 꼭 필요하지 않은 활동을 위한 움직임은 비생산적이었다. 따라서 사냥하지 않아도 될 때 굳이 움직이는 조상들은 쓸데없이 칼로리를 태운 탓에 기근이 닥쳤을 때 살아남지 못했다. 그 결과, 이들의 유전자는 사라졌다. 우리는 그 생존하지 못한 자들의 반대편, 즉 의욕이 없고 동기 부여가 잘 안 되는 이들의 후손이다.

우리 조상들은 배고프거나 위험하거나 짝짓기가 필요할 때만 움직였다. 배가 부르면 움직이지 않는 것이 가장 이성적인 선택이었다. 먹고 남은 사냥감을 저장할 냉장고도 없었고, 여분의 열매를 맡겨둘 은행 계좌도 없었다. 유일한 냉장고는 다른 사람의 배였다. 들소 한 마리를 잡았다고 가정해 보자. 혼자 배불리 먹고 나머지는 하이에나에게 넘기면 될까? 우리 조상들은 그러는 대신 씨족들과 나누어 먹었다. 가능하면 이웃 부족과도 나누었다. 그러면 이후 사냥 운이 나쁜 날, 적어도 다른 사람들에게 기댈 수 있게 된다.

지금은 다르다. 우리는 모든 것을 축적할 수 있는 사회 기반 시설을 구축했다. 연금 기금 창고를 비롯해, 기술 지식과 출판물, 심지어 소셜 미디어의 '좋아요' 버튼까지 집요하게 구조화되어 있다. 거의 모든 것을 저장할 수 있으며, 나중을 위해 계속 보관해 놓는다. 그런데 갑자기 내면의 돼지개가 길을 막고 방해한다면? 과연 이 돼지개의 울부짖음을 무시할 수 있을까? 자발적 동기 부여는 근력과 같은 방식으로 작동한다.

다시 말하면 이렇다. 하루 종일 너무 많은 의지력을 요구하면 의지력은 약해진다. 그러니 동시에 의지력을 키우는 훈련을 해야 한다. 몇 달, 몇 년에 걸쳐 스스로 훈련하면 내면의 나약한 돼지개를 극복하는 길이 열린다. 물론 힘들고 지치는 일이다. 하지만 할 수 있는 일이다.

타인에게 동기를 부여하는 일은 훨씬 더 어려우며 잘되지도 않는다. 연인이나 배우자, 자녀나 부모, 또는 친구나 동료에게 당근과 채찍을 동원해 보라고 다그칠 수는 있으나, 이는 엄밀히 동기 부여라고 할 수 없다. 진정한 동기는 오로지 내면에서 비롯된다. 만약 당신이 사장이고 직원에게 동기 부여를 해야 한다면, 이미 당신은 졌다(44장 '타인을 바꾸려고 애써라' 참조). 보다 현명한 길은 아예 처음부터 의욕이 넘치고, 고도로 동기 부여가 되어 있는 사람을 고용하는 것이다. 그리고 먼저 자신이 그런 사람이 되어야 한다. 한 가지 덧붙이자면, 의욕이 없는 배우자나 연인과 살고 있다면, 동기를 부여하려고 애쓰기보다 그 관계를 정리하는 쪽이 훨씬 더 이성적이다.

3
자신이 한 말을 뒤집어라

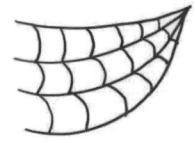

"평판이 한번 무너지면, 더는 거리낄 게 없다"라는 말이 있다. 불행하게 살고 싶다면 하루속히 평판과 명성을 망가트리면 된다. 여기서 가장 중요한 규칙 하나. 약속한 것은 절대, 무슨 일이 있어도 지키지 말자! 당신이 그토록 끼고 싶어 하는 모임에서 배제되고 싶다면, 무엇보다 갖추어야 할 자질은 완벽히 불신을 사는 것, 바로 전혀 신뢰할 수 없는 성품이다. "신뢰를 잃으면 당신의 모든 좋은 자질이 아무리 뛰어나더라도 그 영향력은 완전히 사라지고 만다." 찰리 멍거가 로스앤젤레스의 하버드-웨스트레이크스쿨 졸업식 연설에서 남긴 말이다.

당신에 대한 불신을 한층 더 강화하고 싶다면, 다른 사람들이 당신에게 합리적으로 기대하는 것을 저버릴 뿐만 아니라 실현 불가능한 약속을 남발하자. 곧바로 까맣게 잊어버리면 그만이다. 시간이 흐르면 더는 무언가를 약속할 필요조차 없어진다. 주변 사람 모두 당신에게서는 허풍 말고는 기대할 게 전혀 없다는 것을 깨닫게 될 것이다. 누군가 한 번은 속을지도 모른다. 어쩌면 두 번까지도. 그렇지만 그다음부터는 당신과 엮이고 싶지 않을 것이다. 프로 사기꾼이 된 당신은 앞으로 새로운 먹잇감을 매번 찾아야 한다. 그러다가 언젠가는 희생자를 찾기도 어려워질 것이다. 다들 당신에 대해 수군댈 테니. 사람들은 당신에 대해 이야기하기 시작하고, 당신은 소문과 험담의 단골 소재가 될 것이다. 평판은 지하로 추락하고, 남은 인생은 그 바닥에서 살아야 한다. 내 조언을 요약하면 이렇다. 약속을 화장실 휴지처럼 다루자.

이성의 조용한 목소리

신뢰받는 사람들은 지능이 뛰어나지도 않고, 특별히 창의적이지도 않으며, 말을 유려하게 하지 못하더라도 높은 자리에 오르곤 한다. 그런 장면을 볼 때마다 놀랍다. 사실 신뢰성은 가장 과소평가된 성공 요인 중 하나다. 하지만 나는 가장 강력한 요인이라고 생각한다.

지능이 아무리 뛰어나더라도 추락 앞에서는 무용지물이다. 1998년에 파산한 미국의 유명 헤지 펀드 롱텀 캐피털 매니지먼트Long-Term Capital Management, LTCM를 떠올려 보자. 그곳 경영진에 속한 사람들은 하나같이 평균 이상, 아니 꽤 높은 지능을

지니고 있었다. 심지어 그중 두 명은 훗날 노벨 경제학상도 받았다. 하지만 이들의 창의성이나 활동성 혹은 카리스마는 성공을 보장하기는커녕 회사의 파산마저 막지 못했다.

반면에 신뢰성은 성공을 보장한다. 신망이 두터우면 결코 추락하지 않는다. 발밑의 땅이 와르르 무너질 일이 애초에 없다. 당신의 지능 지수가 하늘을 찌르거나 당신이 은하계를 초월하는 재능이 있다고 하더라도 신뢰를 얻으면 더 좋다. 그렇지 않을까? 일단 믿을 만한 사람이 되는 데는 돈 한 푼 들지 않는다. 게다가 내가 아는 모든 훌륭하고 창의적인 사람들은 놀랍도록 믿음직하다. 스타 건축가부터 노벨상 수상자, 세계적인 음악가에 이르기까지. 신뢰성이 높으니 이들은 덜 '쿨하지' 않을까? 아니, 오히려 그 반대다. 신뢰할 수 없는 사람이야말로 전혀 쿨하지 못하다!

18세기 후반 경제학의 기초를 세우며 유명해진 스코틀랜드의 도덕철학자 애덤 스미스Adam Smith는 분업이 국가의 번영에 중요한 역할을 한다고 주장했다. 사회 혁신의 중요성은 나중에 추가되었다. 그런데 바로 여기, 즉 국가 경제 기반에서도 '신뢰성'이라는 성공 비결은 쉽게 잊힌다. 이 지구상에는 80억 명의 소비자, 1억 개의 기업, 1천만 가지의 다양한 제품, 조 단위의 물류가 존재한다. 이 모두는 고도의 신뢰성이 있어야만 작동한다. 이 신뢰성은 계약에 의해 크게 좌우된다. 한 회사가 제시간에 납품하지 않거나 요구한 품질을 제공하지 않으면,

계약 위반으로 소송을 당할 수 있다. 작은 범위에서의 신뢰성은 평판을 통해 크게 좌우된다. 그리고 모든 것이 빠르게 흘러가는 지금의 모바일 시대에서 평판과 명성은 순식간에 흔들릴 수 있다. 워런 버핏은 이렇게 말했다. "명성을 쌓는 데는 20년이 걸리지만, 무너트리는 데는 5분이면 족하다."

과거에는 평판이 망가져도 다른 도시로 가서 새로 시작할 수 있었다. 하지만 지금은 다르다. 단 한 번으로 평판과 명성이 망가질 수 있다. 경제적으로 말하자면, 신뢰성이란 앞으로 살면서 얻게 될 모든 수입을 지금 시점에서 환산한 가치다. 한번 계산해 보라. 금세 수백만 단위로 올라갈 것이다. 거기에 작지만 분명한 감정적 보상도 따라온다. 믿을 만한 사람이 되면 주변의 사람들도 즐거워질 뿐만 아니라 자신의 삶 또한 나아진다. 약속을 지키는 일은 세상에서 가장 아름다운 것 중 하나다. 신뢰를 저버리는 행동은 '하지 말아야 할 일 목록'에서 절대 빼놓지 말아야 한다.

4
내가 제일이다

이미 거만하기로 소문이 자자한가? 아주 좋다. 그럼 한술 더 떠보자. 천하의 나쁜 놈처럼 구는 것만큼 인생을 곤두박질치게 만드는 지름길은 없다. 당신이 아리스토텔레스도 아니고, 노벨상 수상자도 아닌 바에야 이런 태도가 가져올 효과는 매우 확실하다. 당신이 부자든 가난하든, 중요한 사람이든 아니든, 잘생겼든 못생겼든 상관없다. 나쁜 놈은 그냥 나쁜 놈일 뿐이다.

그러면 진짜배기 나쁜 놈은 어떻게 구별할까? 내가 추천하는 행동은 이것이다. 남이 말할 때 절대 듣지 마라. 어차피 당신이 더 잘 알고 있다. 피드백을 받으면 "거울이나 보시지?" 하고 쏘아붙여라. 감사 인사? 하지 마라. 주변 사람 도움 없이도 지금 이 자리에 올 수 있었노라고 단언해라. 팀을 이루어 일하는가? 성공은 독차지하고, 실패는 깔끔하게 남을 탓해라. 책임이 내 몫일 리 없지 않은가.

자신의 위대한 자아를 찬양하고 기념하자. 유명 사진작가에게 멋진 프로필 사진을 찍고 사무실 한가운데에 걸어두자. 스스로에게 흠뻑 취해라. 다른 사람들도 분명히 나를 좋아할 거라고 확신하자. 내 모습을 담은 작은 조각상들을 제작해라. 요즘 3D 프린터 덕분에 그 정도는 마법도 아니다. 제작해서 책상 위에 하나 올려두자. 기왕이면 몇 개 더 만들어서 주변 사람들에게 나눠주자. 기념품으로 딱이다. 물론 책 한 권쯤은 직접 써서 옆에 세워두는 것이 완성도를 높인다.

말투와 몸짓은 최대한 거들먹거리도록 하고, 의도적으로 무례한 커뮤니케이션을 하도록 하자. 부정적인 말을 툭 던지는 것은 언제나 꽤 잘 먹힌다. 크고 전설적인 성공담은 기본이요, 작은 성과도 크게 자주 떠벌려라. 절대 타인의 입장 따위 고려하지 말자. 오로지 나만 생각하되, 다른 사람에게는 부디 이렇게 말하라. "제 입장에서 생각해 보시면 이해가 쉬우실 거예요." 겸손? 무슨 소리. '성공은 내 능력 덕분, 실패는 전부 외부 요인 탓'이라는 진리를 간직하자. 그리고 마지막으로, 이런 원칙을 세워라. "확실한 보상이 있을 때만 도울 거야."

찰리 멍거가 전해준 일화가 있다. 어떤 장례식장에서 신부가 조문객들을 향해 말했다. "고인에 대한 좋은 말씀 부탁드립니다." 아무도 선뜻 나서지 않았다. 한참 뒤에 정적을 깨고 한 사람이 손을 들고 말했다. "그 사람 동생은 더 끔찍했어요." 이 정도는 돼야 한다. 사람들이 당신의 장례식에 오는 이유는 단 하나, 정말 당신이 죽었는지 확인하기 위해서여야 한다. 바로 이것이 인생의 목표가 되어야 한다.

이성의 조용한 목소리

거만해지는 건 쉽다. 하지만 겸손하기는 어렵다. 특히 뭔가를 이뤘다고 생각할 때는 더더욱 그렇다. 우리는 자신의 성공을 과대평가하고, 이를 곧장 자신의 능력으로 착각한다. 성공 뒤에 오만함이 따르는 이유다. 나는 신께서 겸손이라는 미덕을 나누어줄 때 너무 늦게 도착했다. 그렇기에 오롯이 이성으로 겸손을 터득해야 했다. 차분히 생각해 보면 명백하다. 성공이란 결국 기나긴 우연의 사슬 끝에 찾아오는 것일 뿐임을. 그 과정에서 스스로 이룬 것은 아무것도 없다. 그러니 착각하지 말아야 한다.

인간이 거둔 성공의 대부분은 '함께한' 결과다. 혼자서는 아무것도 해낼 수 없지만 함께하면 거의 모든 것이 가능하다. 주변을 한번 둘러보자. 책, 볼펜, 신발, 벽지, 창문, 전구, 아이폰. 그 어떤 것도 홀로 만들어내지 않았다. 인간 또한 '혼자' 태어나지 않는다. 나라는 존재 자체는 부모, 조부모, 그 위에 수많은 조상이 있었기에 가능했다. 다시 말해, 내가 만들고 성취한 모든 것은 다른 사람들 덕분이다. 내가 아는 사람이든 모르는 사람이든, 수많은 타인의 도움 위에 쌓은 것이다. 그러니 겸손, 친절, 감사, 존중은 전략적 선택이기 이전에 삶의 이치에 맞는 태도다.

미국의 메이요 클리닉Mayo Clinic은 세계 최고 수준의 병원 체인이다. 이 병원에서는 비서부터 저명한 외과 의사까지 모든 채용 면접에서 지원자의 답변 가운데 '나'와 '우리'라는 단어의 사용 비율을 센다. '나'가 과도하게 많으면 팀워크를 이루기 어렵다고 판단하고 탈락시킨다.

결론은 간단하다. 자아가 작을수록 인생은 더 나아진다. 그리고 나쁜 놈으로 살아왔다면, 나쁜 놈 취급을 받는 게 당연하다.

5
기대치를 높여라

나 자신과 타인에 대한 기대치를 가능한 한 높이자. 불행한 인생으로 향하는 이 황금 길은 언제 어디서나 어김없이 작동한다. 워런 버핏은 오랜 결혼 생활의 비결을 묻는 질문에 외모, 교양, 능력, 정서적 안정 같은 배우자의 특성을 언급하지 않았다. 대신 이렇게 말했다. "기대치가 낮았기 때문이죠." 버핏은 첫 번째 결혼 생활을 52년간 지속했고, 현재 두 번째 결혼 생활을 이어가고 있다. 낮은 기대치는 오랜 인간관계와 행복을 확실히 보장한다. 따라서 관계를 망치고 싶다면 간단하다. 연인이나 배우자에게 최대한 높은 기대를 품으면 된다. 이왕이면 상대방도 나에게 그만큼 높은 기대를 품게 해라. 그러면 관계는 최단기간에 무너질 것이다.

이러한 상황은 연인 관계나 결혼 생활에만 국한되지 않는다. 책, 영화, 친구, 행정부, 건강, 인간의 진보에도 적용된다. 심지어 오늘 하루 일과에 대해서도 마찬가지다. 기대가 높을수록 실망은 커진다. 혹시 자녀가 있는가? 그렇다면 아직 어리더라도 가능한 한 기준을 높이 세우자. 어쩌면 레오나르도 다빈치나, 후에 퀴리 부인으로 알려진 마리 스크워도프스카 퀴리Marie Skłodowska-Curie 같은 인물이 탄생할지도 모른다. 물론 그럴 확률은 극히 희박하다. 보통 실망을 안길 것이다. 부모가 느끼는 실망감을 아이도 분명 눈치챈다. 시간이 흐르면서 부모와 아이 사이에 균열이 생긴다. 보통은 아이가 사춘기 무렵에 시작된다.

이성의 조용한 목소리

인간의 두뇌는 기대를 생성한다. 우리가 원하든 원하지 않든 상관없이. 대다수 연구자들은 인간의 뇌가 '베이지안 기법Bayes' Theorem'에 따라 작동한다고 본다. 18세기 영국의 수학자 토머스 베이즈Thomas Bayes의 이름을 딴 이 이론에 따르면 이렇다. 우리의 뇌는 어떤 사건이 일어날 확률을 미리 가늠한다. 그리고 새로운 경험이 쌓일 때마다 그 확률을 계속 업데이트한다. 마치 소프트웨어처럼 말이다.

예를 들어보자. 화장실 변기 레버를 몇 번 써보면 뇌는 '레버를 누르면 거의 항상 물이 내려온다'는 사실을 확실히 인식한다. 변기 레버를 누르면 물이 내려올 확률은 99~100퍼센트로 고정된다. 그런데 드물게 일어나거나 혹은 처음 겪는 일은 그렇지 않다. 첫 성관계, 첫 대학 생활, 첫 임신, 첫 이직, 첫 창업, 첫 해외여행 같은. 경험의 빈도가 적으면 뇌는 확신하지 못한다. 이럴 때 뇌는 희망을 기반으로 추정한다. 그리고 희망은 언제나 높다. 낮으면 '희망'이라 부를 수 없으니 말이다.

만족스러운 삶을 원한다면 새로운 경험을 할 때 다음과 같은 방법을 써보자. 지금 품고 있는 희망에 0에서 10까지 단계를 나눠 숫자를 매긴다. 0은 철저한 실망, 10은 완벽한 성취다. 그러고 나서 그 숫자에서 3점을 빼자. 그러면 실망은 줄고, 가끔은 현실이 나의 낮은 기대치를 뛰어넘을 때 생겨나는 '예상 밖 기쁨'이 찾아온다.

가장 중요한 것은 연인이나 배우자처럼 가까운 사람들이 내게 거는 기대치가 높지 않게 유지하는 일이다. 이는 생각보다 까다롭다. 상대방의 뇌에 직접 개입할 수는 없으니 말이다. 그러니 방법은 하나다. 처음부터 가식 없이 솔직하게 자신을 드러내는 것. 즉 첫 데이트에서 스스로를 억지로 포장하는 대신, 있는 그대로를 보여주는 것이다. 그리고 그 모습을 끝까지 유지하는 것이다. 상대방의 기대치를 낮추기 위해 억지로 모자란 인간인 척할 필요는 없다. 내 안의 결점들이 나름의 빛을 발하도록 천천히 드러내면 된다. 첫 만남 이후 관계가 몇 달 이상 지속된다면, 상대방의 '베이지안 두뇌'는 대체로 나에 대해서 정확하게 평가할 것이다. 당신이 원하든 원하지 않든.

그럼에도 상대가 당신과의 결혼을 결심했다면, 그땐 함께 소설을 읽는 것을 추천한다. 물론 지하철 가판대의 반짝이는 로맨스물 말고. 문학, 그것도 위대한 문학 작품을 읽자. 종국엔 관계가 파멸로 향하는 이야기들 말이다. 그 극명한 대비 효과 덕분에 상대는 나를 한층 더 매력적인 존재, 어쩌면 동화 속 공주 또는 왕자로 여길지도 모른다.

6
계획 없는 삶

 오늘 하루 계획, 잘 세웠는가? 그렇다면 묻자. 무엇을 위해서 그렇게 했나? 정말 그렇게 많은 걸 이루고 싶은가? 그 할 일 목록을 한번 희망 사항이 아닌 선택 사항으로 바라보자. 그리고 내가 해야 할 일이 아닌, 요정에게 맡기는 소원 리스트를 작성해 보자. 아니면 그것조차 하지 말자. 그래도 상관없다. 오히려 아무것도 계획하지 않는 게 정신 건강에는 더 이로울 수 있다. 계획은 그저 우리를 압박할 뿐이다.

 차라리 즉흥성에 그 자리를 내어주자. 우리의 뇌는 원래 그러도록 설계되었으니. 아무 계획 없이 세상을 돌아다니다 보면, 계속 돌아가는 컨베이어 벨트에서 아이디어를 뱉어낼 것이다. 일일 계획 세우기, 월간 계획 세우기 같은 건 우리의 본성에 어긋나는 일이다. 우리는 계획에 적합하도록 진화되지 않았다. 선사 시대 동굴에서 할 일 목록이 발견된 적이 있었던가? 내 기억엔 없다. 당신 기억엔 있는가?

철저히 세운 하루 계획은 당신이 창의성을 발휘할 수 있는 모든 기회를 앗아간다. 계획은 타오르는 불길을 막는 뚜껑처럼 번뜩이는 아이디어를 억누른다. 99.9퍼센트는 억누를 만할 아이디어일지 모르지만, 거기서 놀라운 발상이 나올 확률은 0보다 높다. 그 아이디어 하나가 당신이 세계적인 수준의 소설을 쓰거나, 지구를 구하는 데 쓰이게 될지 또 누가 알겠는가.

시간 관리는 그 자체로 늘 시간 낭비다. 그 시간에 할 수 있는 일은 더 많다. 예컨대 아마존에 들어가 특별 할인 상품을 확인하거나, 소셜 미디어에 아침 식사 사진을 올리거나. 불행하게 살고 싶다면 계획에서 벗어나 자유로워지자!

이성의 조용한 목소리

실제로 성공하는 사람들은 좀 다르다. 그들은 스스로에게 엄격한 명령을 내린다. 사업가는 아침마다 연락처를 살펴보며 잠재적 고객에게 두 시간씩 전화를 돌린다. 챗GPT랑 한가하게 수다를 떨고 싶더라도 말이다. 작가는 하루에 여섯 시간 시간씩 책상 앞에 앉는다. 의욕이 없든, 글이 써지지 않든 상관없이. 미국의 작가 줄리아 알바레스Julia Alvarez는 말했다. "매일 아침 '글을 쓸까 말까'를 결정해야 한다면, 아마도 열에 아홉은 '싫다'고 말할걸요." 글쓰기란 일종의 투쟁이란 뜻이다. 내가 아는 모든 작가는 다들 이런 식으로 작업을 한다. 미국의 34대 대통령 드와이트 아이젠하워Dwight D. Eisenhower는 이런 말을 한 것으로 유명하다. "나는 나 자신에게 명령을 내린다." 그는 장군 시절 자신이 하려고 결심한 일을 마치 군 상부의 명령처럼 여겼다. 물론 이의 제기란 없다.

약 150년 전, 한 사내가 존 피어폰트 모건John Pierpont Morgan에게 와서 말했다. "선생님, 이 봉투 안에 성공의 비밀이 들어 있습니다. 이걸 선생님께 기꺼이 2만 5000달러에 팔겠습니다." 모건이 대답했다. "그 안에 뭐가 들어 있는지 모르겠지만, 제가 그걸 보고 마음에 들면 당신이 요구한 금액을 신사답게 드리겠습니다." 남자는 봉투를 모건에게 건넸고, 모건은 봉투를 열어 하얀 종이 한 장을 꺼냈다. 그리고 2만 5000달러를 지불했다(지금 돈으로 약 50만 달러에 해당한다). 종이에는 이렇게 적혀 있었다. "매일 아침, 오늘 해야 할 일을 목록으로 적어라. 그리고 그대로 완수해라."

내가 아는 성공한 사람들 중에 하루를 계획하지 않는 사람은 하나도 없다. 심지어 이들은 시간을 한 시간 또는 30분 단위로 쪼갠다. 시간 표시 없는 할 일 목록으로는 충분하지 않다. 당신의 하루 일과에 들어가는 모든 일을 마치 중요한 회의 내용처럼 기입하고, 또 스스로 그렇게 여기자. 그러면 우리는 깨닫게 된다. 어떤 일을 아침에 처리해야 하는지, 하루에 감당할 수 있는 일의 양이 어느 정도인지, 그리고 뇌가 가장 생생하게 작동하는 시간대가 바로 아침이라는 것까지도.

물론 함정도 있다. 대부분의 사람들이 너무 많은 일을 하려고 한다는 것이다. 우리는 자기 역량을 심각하게 '과대평가'한다. 그게 꼭 나쁜 것만은 아니다. 중요한 것은, 망했다고 느껴져도 멈추지 않는 것이다. 남은 일은 미뤄도 좋다. 단 '나중에 언젠가'라고 하지 말고, '내일 아침 9시'로 기한을 확실히 정해두자. 그리고 아침마다 거울 앞에 서서 이렇게 말하자. "명령에 따르겠습니다!"

7
불행한 결혼 생활의 지름길로 들어서기

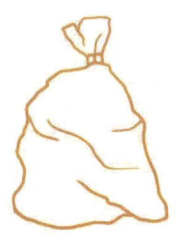

부부 사이가 아직 그럭저럭 멀쩡한데, 그럼에도 그 관계를 망치고 싶다면 다음의 조언들을 충실히 따르자.

비판은 망설이지 말고 바로바로 해라! 부인이 골동품 가게에서 또 쓸모없는 장식품을 사서 들고 왔다. 램프, 양초, 화분, 쿠션, 조각상, 허접한 도자기 인형까지. 쓰레기들이 자가 증식이라도 하듯 늘어나고 있다. 새로 들어온 장식품이 영원히 집 안에 자리를 잡기 전에, 부인이 그 물건에 정서적 애착을 가지기 전에 반드시 당장 불만을 제기해야 한다. 그래도 충분하지 않다면? 물건들을 하나둘씩 갖다 버리자. 몰래. 들켜도 상관없다. 당신이 부인이라면, 남편이 버린 것을 곧바로 다시 사들이자. 그것도 두 배로, 남편의 신용 카드를 써서, 집 안을 다시 가득 채우자.

배우자의 정리 정돈 습관과 청결 의식에 말과 행동으로 대응하자. 출장을 마치고 돌아오자마자 가장 먼저 해야 할 일은?

빨래 바구니 옆에 나뒹구는 옷가지에 대한 불만 제기다. 그다음은 집을 비운 동안 집 안에 쌓인 각종 택배 상자를 보란 듯이 모두 접어두는 것이다. 그리고 클라이맥스. 배우자의 생일에 《곤도 마리에 정리의 힘》을 선물로 건네자. '정리는 인생의 모든 것을 바꾼다'는 카피가 적힌, 일본의 정리 정돈 전문가 곤도 마리에近藤 麻理惠의 베스트셀러 말이다.

한때 사랑한 사람의 근심 걱정에는 절대 응답하지 않는 것이 최선이다. 무응답, 무표정, 무감각이 핵심이다. "나, 나이 들어 보여?"와 같은 질문에 "당신 나이만큼은 보여"라고 답하거나, "이 원피스 어때?"라는 물음에 휴대폰에서 시선을 떼지 않은 채로 "좋아" 하고 중얼거리는 것으로 충분하다. 갈등을 유발하는 최고 촉매제의 효과를 확인하게 될 것이다. 동네에 슈퍼 모델이 산다면, "그 사람이 나보다 나아?"라는 질문이 나올 터. 그럴 때는 솔직하게 그렇다고 답하자.

아름답고, 친절하고, 똑똑하고, 카리스마 있는 성공한 이웃에 열광하며 칭찬을 아끼지 말자. 그러면서 배우자가 그 사람을 절대 따라잡지 못할 것처럼 말하자. "다른 집 엄마 아빠는 애들과 훨씬 더 많은 시간을 보내던데. 가정에 헌신적이야." 정확히 어떤 시간을 어떻게 할애하는 건지는 몰라도, 일단 그렇게 말하자. "당신이 A씨 같았으면 참 좋았을 텐데. 자주 그런 생각이 들어." 이때 A씨는 둘 다 아는 지인 중 하나여야 한다. 이제 본질적인 불만으로 마지막 카운터를 날리자. "당신이 다른 사람 같았으면, 내 인생이 지금보다는 좀 더 즐거웠을 텐데."

상대를 면전에 대고 깎아내리면, 부부 관계는 급속도로 벼랑 끝으로 향한다. 정성 들여 차린 저녁상 앞에서 이렇게 말해 보자. "여보, 요리할 땐 핵심에 집중해 봐." 또는 창밖을 가리키며 "저기 잘생긴 당신 버전이 서 있네"라든지.

절대 잘못을 인정하지 말고 언제나 즉각 반격에 나서자. "그런데", "하지만" 같은 단어로 시작하면 더 좋다. "너무 늦었잖아!" "하지만 나 머리 말리고 있었잖아." 그리고 결혼 생활을 근본적인 제로섬 게임으로 여기자. 너의 '손해'는 나의 '이득'이야. 마지막 카드는 바람이다! 배우자가 당신의 부정을 알아차리고 비난하면 당당하게 응수하자. "당신, 너무 예민한 거 아니야?"

이성의 조용한 목소리

삶의 질을 결정하는 두 가지가 있다. 하나는 생각의 질이며, 다른 하나는 관계의 질이다. 생각의 질은 나중에 다시 다루기로 하자. 관계의 질에서 가장 중요한 것은 배우자와의 관계다. 좋든 나쁘든, 가장 많은 시간을 함께 보내는 사람은 결국 배우자다. 결혼 생활이 비참하면 삶도 비참하다. 망가진 부부 관계는 돈으로도 성공으로도 덮을 수 없다. 수많은 연구 결과가 한목소리로 알려준다. "관계가 나쁜 것보다는 차라리 없는 쪽이 낫다."

두 가지는 꼭 기억해야 한다. 첫째, 갈등이 없는 관계는 존재하지 않으며 존재해서도 안 된다. 부부 관계의 더 깊은 의미는 서로 다르게 이루어진 두 개의 뇌가 하나가 되어 일상, 소득, 자녀, 질병 같은 인생의 과제들을 혼자 하는 것보다 더 잘 해결하기 위해서다. 사소한 갈등은 협업의 정상적인 부산물이다.

둘째, 만약 당신이 가볍게 만나는 관계에서 깊은 관계로 넘어가게 된다면 '최적화'를 멈춰야 한다. 더 나은 사람이 보여도 갈아타는 옵션은 없다. 그 대신, 지금의 관계에 에너지를 투자하자. 기업가가 주식을 사들이기보다는 자기 회사에 투자하듯이. 장기적으로 그게 훨씬 낫다. 두 경우 모두. "충성스럽게 살거나, 혼자 살거나. 아주 간단한 문제 아닌가."

8
왕관의 무게를
감내하지 마라

인생은 고되다. 실패는 당연하다. 개인사도 그렇고, 직장 생활도 마찬가지다. 그런데도 계속 버티고 앞으로 나아간다고? 그건 미친 사람이나 하는 짓이다. 차라리 우아하게 포기하는 법을 배우자. 좌절하는 대신 그걸 더욱 큰 계획의 일부로 여기자. 마치 처음부터 의도했던 것처럼.

"일어나라, 왕관을 고쳐 써라, 계속 나아가라!" 할머니들이나 좋아하는 이 조언은 이제 보내주자. 나는 오히려 이렇게 말하고 싶다. "누워 있어라, 왕관을 벗어 던져라, 울어버려라!" 패배주의는 부끄러운 것이 아니다. 인생은 고되기에 낙담만이 오직 진실하고 정직하다. 그러니 무기를 내려놓고 항복하는 시점을 불필요하게 미루지 말 것. 가능하면 1등으로 항복해라. 그래야 불행한 존재로 살아가기 경쟁에서도 우위를 점할 수 있다.

계획이 삐끗하여 궤도에서 벗어나면, 그건 포기하라는 명백한 신호다. 당장 멈추고, 바닥에 편안히 드러눕자. 기꺼이 자기 연민에 빠지자. 늘 그렇듯 세상은 어차피 불공평하게 흘러간다. 그러고 나서는 새로운 활동을 찾자. 단 짜증 나기 직전까지만 하자. 아니면 그 전에 포기하는 것도 좋은 선택이다. 그러면 불쾌한 경험을 미리 차단할 수 있다.

무엇보다 절대 실패할 일 없는 것으로 시간을 보내자. 예를 들어, 날씨 앱을 틈날 때마다 들여다보거나 틱톡의 추천 피드를 무한히 스크롤해 보자. 비밀스러운 중요한 사실 하나. 우리가 철저히 '소비자'로 머무는 한 실패하는 일은 결코 없을 것이다. 이는 수십만 년에 달하는 인류의 역사상 처음으로 등장한 기회다. '실패하지 않고 존재하는 법'이 처음으로 가능해진 시대가 왔다. 전날 온라인에서 클릭 한 번으로 주문한 택배 상자를 개봉할 때 느껴지는 이 쾌감, 이 기쁨! 어떻게 실패할 수 있겠는가? 인간이 선악과를 따먹기 전의 에덴동산이 이랬을까?

이성의 조용한 목소리

정말로 불행하게 살고 싶다면, 첫 번째 장애물에서 포기하면 된다. 아니면 두 번째 난관에서 무너지든지. 살면서 비틀거려 보지 않은 사람은 없다. 그 누구도. 그건 우리가 부족해서가 아니라, 인생이라는 지형 자체가 구덩이투성이라서 그렇다. 이를 알려주는 지도 같은 건 없다. 게다가 어떤 구덩이는 특히 심각하다. 우리가 전문성을 키워가는 그 순간에 등장하는 구덩이로, 경험이 쌓일수록 성공할 수 있는 공간은 오히려 작아진다. 따라서 우리는 작디작은 틈새에서만 성공을 거둘 수 있다. 이는 삶의 기본 원칙 중 하나다.

내가 속한 분야에서 절대적으로 최고가 되지 않는 한, 소득과 효율은 나를 외면한다. 최고의 프로그래머는 평균의 프로그래머보다 두 배가 아니라 천 배 더 효율적이다. 변호사도, 작가도, 운동선수도, 창업가도, 투자자도 마찬가지다. 그러니 성공하고 싶다면, 내가 속한 분야에서 최고가 되는 데 모든 것을 걸어야 한다. 이왕이면 세계 최고가 되자.

그렇지만 실력을 높이 쌓아 올리다 보면 더 이상 따라 할 모델도, 스승도, 매뉴얼도 없는, 아무도 간 적 없는 땅에 발을 디디게 된다. 그곳에서 시행착오를 거쳐야만 앞으로 나아갈 수 있다. 시행착오만이 유일한 길이고, 그 시행착오야말로 내가 가치를 창출하는 출발점이다. 따라서 이제 끈기를 가지고 버텨야 한다. 발명가 토머스 에디슨Thomas Edison도 그랬다. 그는 수천 번의 실패 끝에 하나의 전구를 만들었다. 그가 남긴 말은 그의 마음가짐을 잘 나타내준다. "나는 실패한 게 아니다. 단지 전구가 작동하지 않는 수천 가지 방법을 찾아낸 것뿐이다." 이게 바로 집요함의 기술이다. 실리콘 밸리에선 이런 말을 한다. "빠르게 실패하고, 자주 실패하자."

하지만 만약, 그럼에도 아무런 진전이 없을 때는 어떻게 해야 할까? 에디슨도 이 질문 앞에 섰을지 모른다. 나 역시 이 주제를 두고 노벨상 수상자를 비롯해 수많은 학자와 토론한 적이 있다. 결론은 나지 않았다. 다만 이런 공감대가 있었다. "세 번 시도하고 포기할 게 아니라, 천 번 무너진 끝에 포기하자." "석 달 해보고 관두지 말고, 십 년을 버텨보자." 결국 이런 말이다. "일어나라, 왕관을 고쳐 써라, 계속 나아가라!"

9
남에겐 물을, 나는 와인을

숭고한 이상을 설파하는 건 언제나 아름답고 좋은 일이다. 하지만 그 이상대로 살아야 한다는 생각은 과감히 버리자. 불행한 삶을 바란다면 위선만큼 확실한 전략은 없다. 물을 권하면서 와인을 마시자. 이만큼 효과적인 실천 지침은 없다.

 낭만적이고 감미로운 눈빛으로 배우자를 향해 이렇게 말하자. "당신은 내 인생의 전부야." 그러고 나선 다른 사람과 출장을 핑계로 몰래 달콤한 휴가를 떠나자. 직장에서는 "규정을 준수해 주세요. 저한테 농담도 하지 마시고요"라고 말하면서도, 고객이 카리브해에서 열리는 '컨퍼런스'에 초대했다면 "이건 업무니까요" 하고 냉큼 받아들이자. 회사의 CEO라면 "비용 절감이 급선무입니다"라고 선언하면서도 본인의 연말 보너스는 절감 대상에서 제외시키자. 출근길엔 지구를 위한다면서 전기차를 타고, 휴가는 개인 제트기를 타고 떠나자. 입으로는 유럽의 더 긴밀한 연결과 교류를 위해 "알프스를 관통하는 고

트하르트 터널 같은 걸 하나 더 뚫자!"라고 요구하면서, 남들 몰래 리히텐슈타인 조세 피난처에 숨겨둔 포르쉐 컬렉션을 관리하자. 아이에게는 늘 "근면 성실한 게 가장 중요해"라고 말해놓고 정작 자신은 한 손에는 맥주, 다른 손에는 휴대폰을 들고 정원 그네에 앉아 하루를 보내자.

진정한 위선은 이보다 더 정교하다. 남들에겐 금주를 권하면서 자기 혼자 있을 때는 맥주를 들이킨다? 이건 평범한 수준이다. 위선의 고수는 오히려 반대로 세상을 속인다. 겉으로는 이렇게 말한다. "요즘 운동에 집착하는 사람들, 정말 우습지 않아?" 그러면서 자신은 매일 한 시간씩, 집에 꾸며놓은 최고급 피트니스룸에서 철저한 자기 관리를 한다.

사실 모든 인간은 정도의 차이만 있을 뿐 약간씩 위선적이다. 그러니 말과 행동 사이의 간격을 살짝만 벌려보자. 너무 넓히면 누구나 그 간격을 눈치채고 위선을 감추기란 어려워진다. 그 틈을 들키지 않아야 매력적이다. 궁극의 스릴을 원한다면, 공적 영역과 사적 영역 모두에서 위선을 떨어라. 그것도 한 다스 분량 정도로. 물론 그렇게 되면 당신의 위선은 언젠가 들통난다. 그때 친구가 당신의 위선을 지적한다면? "넌 진정한 친구가 아니야!"라고 반격하자. 진짜 친구는 진실보다 우정을 우선시해야 하는 법이라고 말이다.

이성의 조용한 목소리

모든 사람은 어느 정도 위선적이다. 나 역시 그렇다. 자신의 원칙을 100퍼센트 고수하기란 어려운 일이다. 여기에는 두 가지 이유가 있다.

첫째, 원칙끼리 충돌하기 때문이다. 완벽한 부모가 되는 동시에 커리어도 쌓고 싶다? 현실은 그렇게 녹록지 않다. 둘 다 완벽하게 해낼 수는 없다는 사실을 곧 깨닫게 된다. 주목받는 동시에 사생활도 지키고 싶다? 안타깝게도 불가능하다. 자유로운 연애와 헌신적인 관계를 동시에 원한다? 미안하지만 환상이다.

둘째, 우리의 의지력에는 한계가 있다. 게다가 의지력은 시시각각 달라진다. 오전에는 강하지만, 오후에는 시들해진다.

그렇다면 위선은 어디까지가 허용선일까? 경제학자라면 이렇게 말할지도 모르겠다. "위선이 가져다주는 이득이 평판을 해치고 자존감을 무너뜨리는 위험을 가져오기 전까지." 당신의 평판은 천금보다 값지다. 이것만으로도 위선을 줄여야 할 이유는 충분하다. 그리고 그다음으로 중요한 건 자존감이다. 위선이 깊어지면, 어느 순간 당신은 거울을 보지 않게 될 것이다. 문제는, 어디까지가 위선의 허용선인지 뚜렷한 경계가 없다는 것이다. 우리의 뇌는 합리화라는 놀라운 능력을 지녔다. 스스로의 잘못은 물론, 심지어 터무니없는 행동까지도 그럴듯하게 정당화한다.

  미국의 작가 업튼 싱클레어Upton Sinclair는 이렇게 말했다. "무언가를 이해하지 못해야 월급을 받는 사람에게 그것을 이해하도록 하기는 어렵다It is difficult to get a man to understand something, when his salary depends upon his not understanding it." 즉 이해하지 않는 편이 자신에게 이득이 될 때, 사람들은 스스로 눈을 감는다. 그래서 결국 필요한 건 진짜 친구다. 위선을 일삼을 때 돌려 말하지 않고, 직설적으로 말해줄 사람. 무엇보다 다른 사람의 위선에 화내지 말지어다! 그것이 가장 위선적인 행동이다.

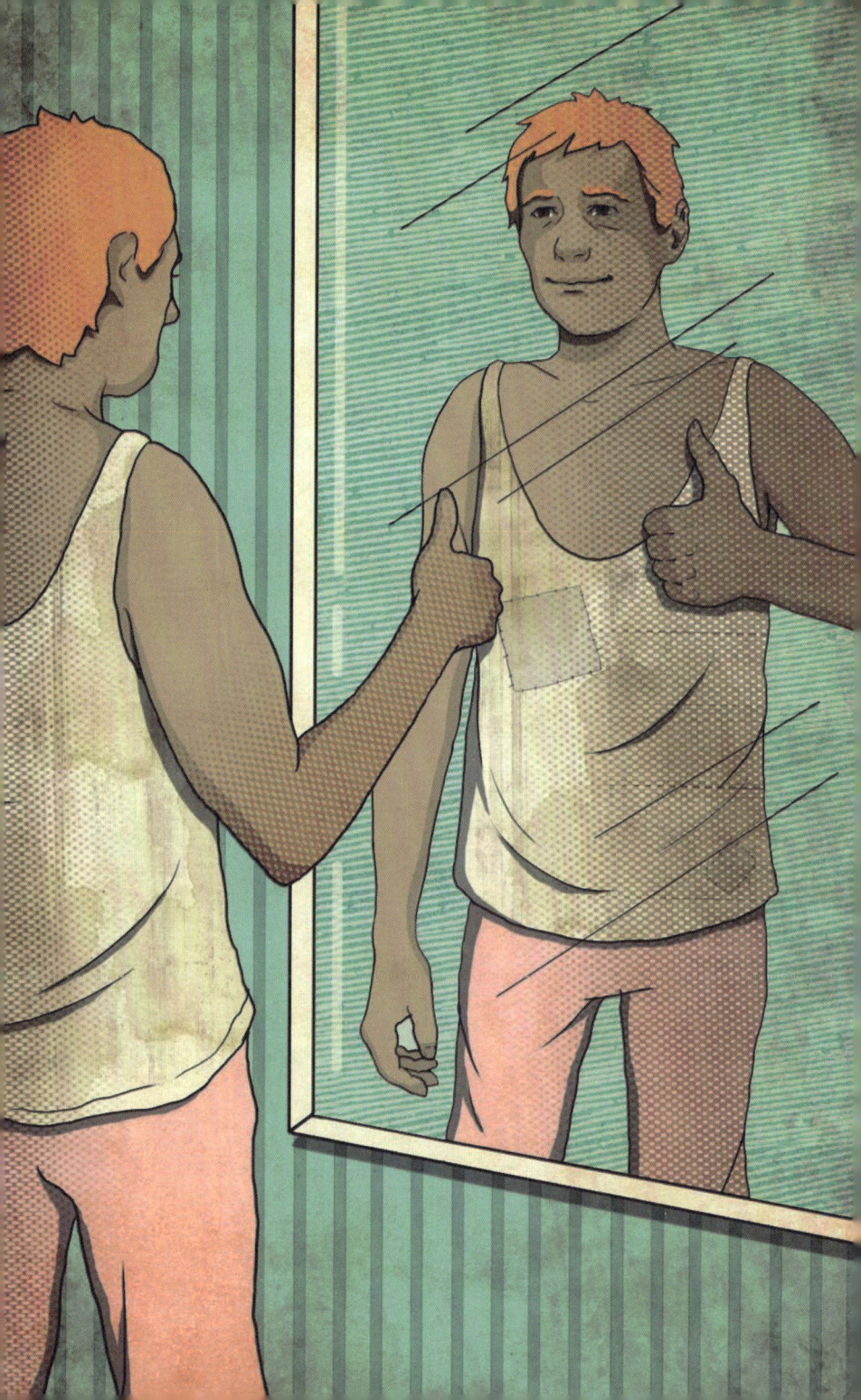

10
나쁜 습관을 고수해라

세상에 완벽한 사람은 없다. 그러니 완벽해질 생각은 애초에 하지 말자! 나쁜 습관은 당신 인격의 일부다. 이를 받아들이고 인정하자. 있는 그대로의 당신 모습을 계속 유지하자. 사람들이 다가와 말할 것이다. "당신을 도와주고 싶다"고. 대부분은 다정하게 포장하지만, 속마음은 딱 하나다. 당신을 '자기 기준'에 맞추고 싶은 것이다. 타인의 손아귀에서 놀아나는 찰흙이 되지 말자.

성공한 사람들은 안다. 좋은 인생이란 결국 자기 결함을 하나씩 줄여가는 과정이라는 것을. 이들은 젊을 땐 강점을 키우고, 나이 들면 약점과 싸운다. 하지만 반대로 살고 싶다면? 간단하다. 아무것도 하지 않으면 된다. 내면에 자리한 질투, 오만, 부주의, 자책, 현실 부정, 무기력 등 이 모든 걸 있는 그대로 받아들이자. '개선' 따위는 하지 말고, '수용'만 하자. 말싸움을 벌이고, 샤워도 거의 하지 않고, 별것도 아닌 일에 욕부터 내뱉는다? 그게 바로 당신이다. 오만하고, 쉽게 분노하고, 사전에 용서란 없는, 그게 당신의 '정체성'이다.

여전히 '진짜 나'를 찾고 있는가? 그렇다면 좋은 습관이 아닌 나쁜 습관 근처 어딘가에 있을 확률이 높다. 좋은 습관은 대부분 문명의 강요로 생긴 인공물이다. 그렇기에 전혀 자연스럽지 않다. 철학자 장 자크 루소Jean Jacques Rousseau도 아마 동의할지 모른다. 나쁜 습관에 괴롭더라도, 절대 그 습관을 버리지 말자. 불행한 삶을 원한다면, 자기 개선이 아니라 자기 보존에 집중하는 것이 바람직하다. '더 나은 사람이 되어야지'와 같은 생각은 하지 말자. 세상에는 문명에 순응한, 잘 포장된 사람들이 넘쳐난다. 삐딱하게 살아보려는 당신 같은 사람은 드물다!

이성의 조용한 목소리

미국 건국의 아버지라고 불리는 벤저민 프랭클린Benjamin Franklin은 말 그대로 천재였다. 그것도 한 방면이 아닌 다방면에서. 18세기 최고의 정치가 중 한 사람으로 꼽히는 그는 다른 분야에서도 눈에 띄는 업적을 남겼다. 오늘날 우리가 사용하는 전기와 관련된(배터리, 충전, 방전, 양극, 음극 같은) 개념은 대부분 그에게서 비롯되었다. 또한 당대 최고의 논설가이자 정치적 글쓰기의 달인이었다. 미국에서 가장 성공한 신문사 발행인이기도 했다. 세계 최초로 소방대를 창설했으며, 화재 보험과 피뢰침과 이중 초점 렌즈를 발명했다. 그리고 무엇보다 그가 가장 대단했던 이유는, 이 뛰어난 업적에도 만족하지 않고 끊임없이 자기계발을 도모했다는 점이다. 스무 살 무렵, 프랭클린은 '완벽한 인격'을 만들겠다는 다소 무모한 계획을 세웠다. 이를 위해 그는 근면, 절약, 겸손, 침묵, 결단 등의 13가지 덕목을 정리하고, 이것들을 매주 하나씩 의식적으로 실천하며 온전히 집중했다. 그렇게 13주가 지나면 다시 처음으로 돌아가 전 과정을 다시 밟았다.

미국의 전설적인 농구 감독 존 우든John Wooden은 이렇게 말했다. "정상에 오르게 하는 건 실력이지만, 그 자리에 머물게 해주는 건 인격이다." 물론 우리 대부분은 프랭클린도, 우든도 아니다. 하지만 시도는 해볼 수 있다. 강점과 약점을 동시에 다루는 일은 어렵다. 그래서 젊을 때는 강점에 집중하기를 권한다. 마흔이 넘은 뒤에도 강점을 유지할 수는 있지만, 새로 만들기란 어렵다. 따라서 실력이든 작업 방식이든 마음가짐이든, 자신의 강점을 일단 확립한 후에 약점을 극복할 방법을 알아보자.

인생의 중반이나 후반에 접어들었다면, 인격을 바꾸는 일은 더디고 어려울 수 있다. 그렇다고 해서 시도할 의미가 사라지는 건 아니다. 어쩌면 우리가 해야 할 일은 생각보다 복잡하지 않다. 그저 단순한 실천을 반복해도 된다. 더 이상 과음하지 않고 금연하는 것. 불필요한 자기 연민을 멈추고 불평을 입 밖에 내지 않는 것. 쓸데없는 잡담에 시간을 허비하지 말고 중요한 약속을 미루지 않는 것. 주변을 마구잡이로 어지르지 않는 것. 이런 몇 가지 습관만 제어해도 당신은 이미, 대부분의 사람들보다 훨씬 더 앞서 있을 것이다.

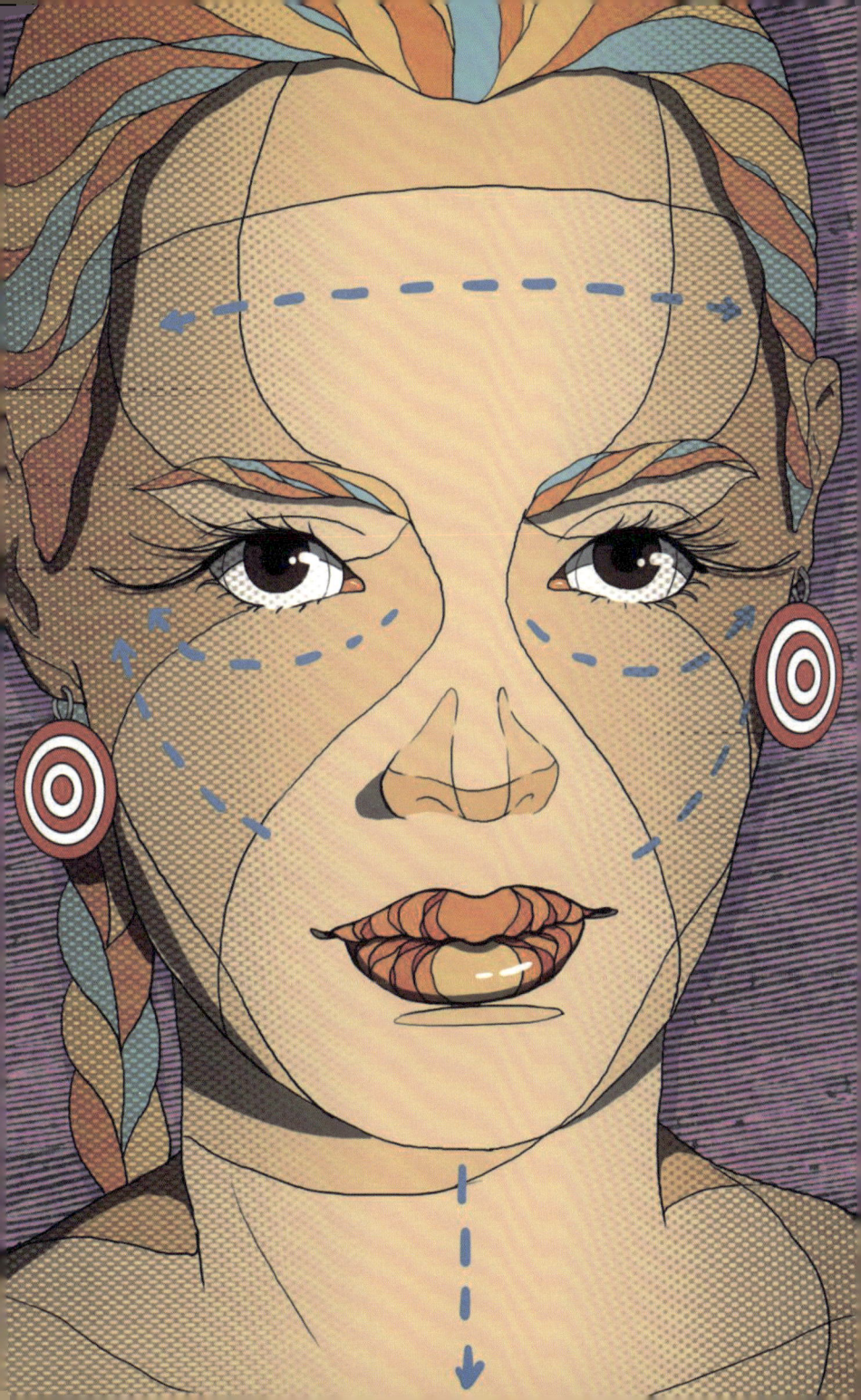

11
어리석은 목표를 세워라

불행하게 살고 싶은가? 그렇다면 어리석은 목표를 잔뜩 세우고 거침없이 전진하자. 예컨대 영원히 젊어 보이겠다는 욕망에 매달려 보자. 아니, 최소한 겉이라도 젊게 꾸미려고 끝없이 애써보자. 거리에서 당신보다 어린 사람들, 혹은 적어도 같은 또래의 사람들이 당신을 힐끗 돌아보도록.

주름을 억제하고 탄력을 끌어올리기 위해 가능한 모든 시술과 치료를 동원하자. 히알루론산으로 시작해서 보톡스로 한 단계 올라서고, 주름 개선 리프팅으로 마무리하는 식이다. 탈모를 막기 위한 레이저 치료는 기본, 콧대도 부드럽게 다듬고 입술도 도톰하게 불려가며, 얼굴 곳곳을 몇 번이고 재구성해보자. 그러다 보면 마침내, 자기 얼굴을 원본 상태로 두지 못한 사람들과 똑같아진다. 특징이 사라지고 개성 없는 얼굴이 완성된다. 거울 속 당신은 누구에게도 기억되지 않을 것이다. 멀리서도 당신임을 알아보게끔 하던 고유한 특징들을 스스로 지워버린 것이다.

확률적으로 거의 불가능한 목표를 정하는 방법도 있다. 국무총리가 되거나, 노벨문학상 수상자 혹은 제2의 아인슈타인이 되겠다고 결심하는 것이다. 내가 장담할 수 있는 건 하나뿐이다. 당신의 인생은 좌절과 패배로 점철될 것이다.

다른 종류의 헛된 목표를 추구하는 방법도 있다. 유명 인사가 되어, 길을 걷다 보면 낯선 사람들이 몰려와 사진을 요청하는 삶과 같은. 이를 위해서라면 어떠한 수단도 가리지 말자. 운이 좋아 유명해지는 게 아니라, 유명해지기 위해 유명해지는 것을 목표로 삼자. 세상에는 아무런 이유 없이 유명해진 사람이 수없이 많다. 그러면 미디어라는 이름의 불청객이 당신 삶을 송두리째 가져갈 것이다. 사적 공간은 사라지고, 당신의 호흡은 점점 짧아질 것이다.

이성의 조용한 목소리

한때 인간에게는 인생의 목표라는 게 따히 필요하지 않았다. 동물에게 생의 목표가 없듯이, 수십 년 전까지만 하더라도 대부분의 사람들은 '목표'로 골머리를 앓을 필요가 없었다. 생존이라는 단순하고 명료한 목표가 중심에 자리하고 있었기 때문이다.

오늘날에도 생존은 중요하다. 러시아-우크라이나 전쟁터에 있는 병사, 나이로비 빈민가에서 하루하루 버티는 이들, 아이티의 갱단 사이에 갇혀 사는 민간인들. 이들에게 인생의 목표란 단 하나, 죽지 않는 것이다.

자기 자신과 가족의 안전이 확보되는 순간, 곧바로 눈앞에 무한한 가능성의 우주가 펼쳐진다. 우리는 그 자유로움에 인생이 더 가벼워질 줄 알았지만, 현실은 그 반대다. 역설적으로 압도당한다. 따라서 다음 네 가지를 명심할 필요가 있다.

첫째, 인생의 목표란 본질적으로 근거가 없다. 자연법칙처럼 객관적으로 정해진 무언가가 아니기 때문이다.

둘째, 목표는 나이가 들어감에 따라 변한다. 서른 살에 진지하게 추구하던 가치가 예순 살에 허무하게 느껴지는 이유는 간단하다. 예순 살의 나는, 서른 살의 나와 전혀 다른 사람이고, 오히려 칠순의 나와 더 많은 공통점을 가진 존재이기 때문이다.

셋째, 어떤 목표는 처음부터 실패하도록 설계되어 있다. 예를 들어, 노년기에 매력적으로 보이겠다는 계획은 이미 오늘, 이 순간 실패했다. 영원히 살고 싶다는 꿈 역시 마찬가지다. 비타민을 아무리 먹고, 채소를 갈아 마시고, 최신 유행에 따라 건강을 관리해도 결국은 패배한다. 불변의 행복, 전 인류의 사랑, 끝없는 유명세를 목표로 삼는 것 역시 모두 헛된 일이다. 소셜 미디어라는 전장에서 관심 끌기 경쟁을 펼치다가는 언젠가 지쳐버린다. 이는 전적으로 자신 탓이며, 얼마든지 예측 가능한 범위다.

"나는 딱히 은행가가 되고 싶지는 않았어." 이런 식의 말을 자주 들어보았을 것이다. 어떤 직업들은 다른 직업들보다 불만족을 유발할 가능성이 높다. 은행가, 변호사, 배우 같은 직종이 특히 그렇다. 이런 불행 유발 요인들은 일찌감치 알아채는 게 좋다.

넷째, '인생 목표'라는 말에는 언제나 좌절을 예고하는 그 무언가가 숨어 있다. 과녁이 떠오르기 때문이다. 빗맞히면 절망이고, 명중하면 다음 과녁이 생긴다. 반복되는 허기다. 그래서 우리는 '인생의 목표'가 아니라 '인생의 방향'이라는 말을 써야 한다. 방향은 과녁이 아니다. 방향은 스토아 철학자들이 말한 인간의 인격Character으로 향한다. 그리고 이 방향은 이렇게 묻는다. "나는 어떤 사람이 되고 싶은가?" 우리가 반드시 피해야 할 유일한 실수는 외적 목표에 집착하는 것이다. 내면의 성장 대신 부와 명성, 명예, 인기, 아름다움 같은 외형적 보상에 매달리는 순간, 방향은 어긋난다.

그렇다면 어떤 내적 목표가 가치 있는가? 놀랍게도 이 질문의 답은 2500년 전부터 변하지 않았다. 긴장, 분노, 시기, 자기 연민 같은 독성 감정을 자기 자신의 레퍼토리에서 제거하고, 합리적이고 품위 있게 행동하면 된다. 그러면 우리는 자연스럽게 평정과 만족이라는 선물을 얻게 된다.

결론은 이렇다. 인생은 속도가 아니라 방향이다. 인격을 관리하는 일. 그것이야말로 당신이 할 수 있는 최고의 투자이고, 당신을 이끌 가장 선명한 나침반이다.

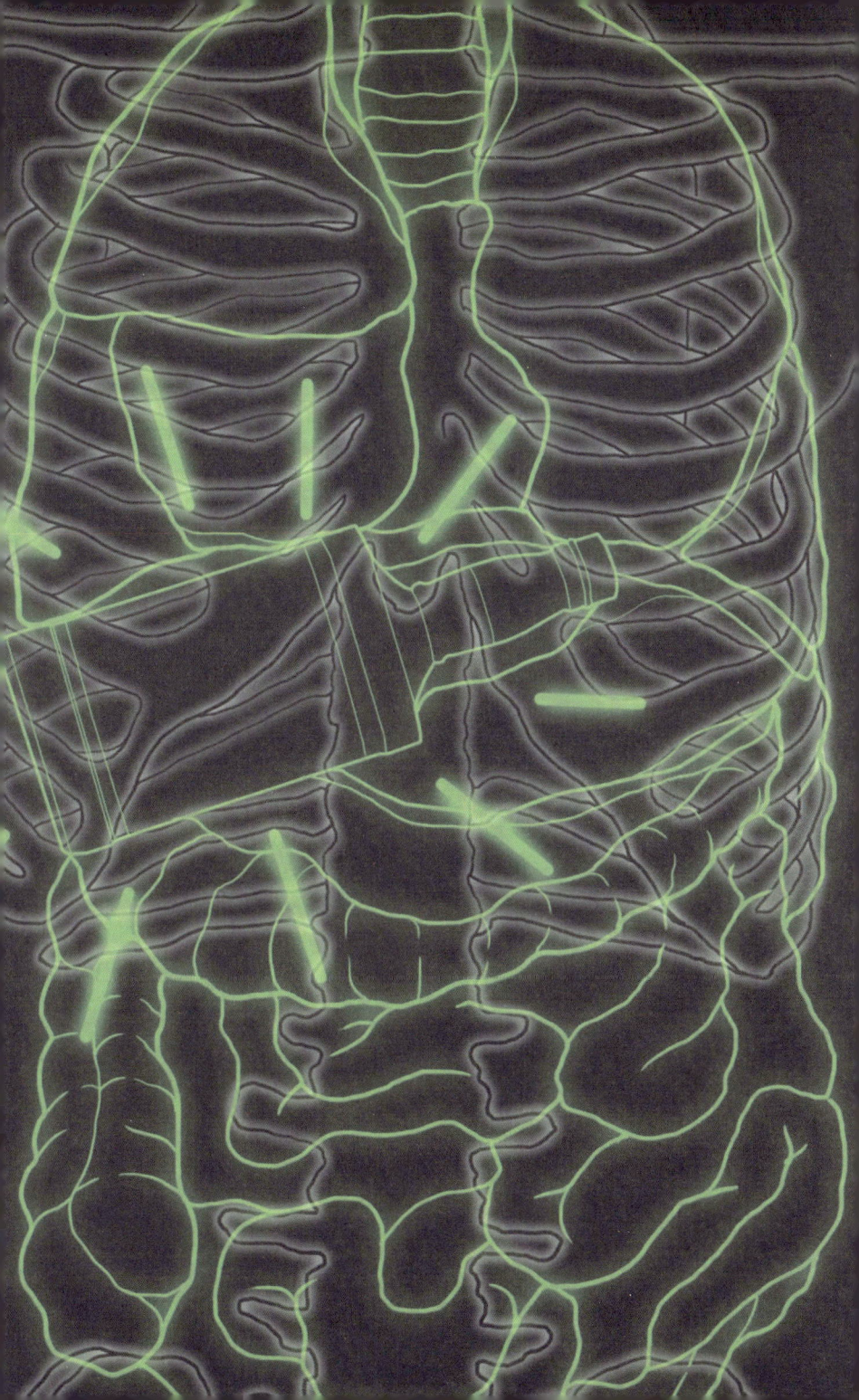

12
마시고 또 마셔라

물은 샤워할 때나 사용하고, 몸속 수분은 알코올로 유지하자. 하루 종일 진이 빠지도록 고생했다면 와인 한 병쯤은 당연히 허락해야 한다. 두 병도 괜찮다. 특히 진한 레드 와인은 항산화 물질이 풍부해 세포에 좋다는 말이 있다. 그러니 이 건강 효과를 하루 종일 누리자. 점심쯤부터 시작하면 가장 좋고, 굳이 기다릴 필요가 없다면 아침부터 스파클링 와인 한두 잔으로 하루를 활기차게 열어도 된다. 저녁엔 좀 더 묵직한 와인으로 마무리하고, 편한 소파에 몸을 파묻자. 소화엔 보드카, 긴장 완화엔 위스키, 숙면엔 코냑. 모든 순간에 맞는 술이 있다.

 문제는 이 알코올의 훌륭한 이점을 모두가 이해해 주지 않는다는 것이다. 특히 배우자나 연인은 이해보다는 간섭할 가능성이 높다. 이런 경우를 대비해서 유용한 팁 하나. 차고에 쌓여 있는 겨울용 타이어, 그 뒤쪽은 온도와 습도가 지하 와인 창고에 버금간다. 따라서 좋은 은신처가 될 수 있다. 결제는 반드시 현금으로 하자. 신용카드로 하면 한 달 뒤에 날아온 명세서가 당신의 행적을 적나라하게 드러낸다. 빈 병은 정기적으로 처리해야 한다. 쌓인 만큼 마신 걸 들키는 순간, 당신의 비밀도 무너진다.

물론 이렇게 철저히 은폐해도 몇 달 뒤에 당신은 아마 집에서 쫓겨날지 모른다. 배우자는 등을 돌리고, 자녀들은 당신을 부끄럽게 여기며, 친구들은 연락을 끊는다. 누가 술에 절은 사람과 시간을 보내고 싶겠는가. 직장에서는 자꾸 냉정함을 잃고, 집중력은 어린아이 수준으로 떨어지며, 등 뒤에선 사람들이 수군댄다. 결국엔 모든 사람이 알게 된다. 그리고 그 결과는 뻔하다. 직장을 잃고, 위자료와 양육비를 제때 지급할 수 없는 날이 온다.

하지만 걱정은 금물이다. 이런 경우를 위한 대안 시나리오도 있으니까. 일단 주변에 아는 사람이 아무도 없는 외딴 마을로 이사를 간다. 그러고는 잔심부름을 하며 생계를 잇는다. 가끔 맑은 정신이 돌아오는 날, 거울을 보고 스스로에게 묻는다. 대체 왜 여기까지 왔을까? 어떻게 가족에게 그런 짓을 저질렀을까? 충격받은 당신은 결심한다. 알코올 중독 치료를 받아야겠다고 열 번쯤 생각해 본다. 그러고는 다시 마신다. 중독은 당신보다 강하다. 아니, 이제 세상 모든 것이 당신보다 강하다. 정신적 불행은 육체적 고통과 뒤섞인다. 진과 베르무트를 섞은 칵테일처럼. 이런 상태에 저항할 수 있는 유일한 해결책은,

바로 음주량을 늘리는 것이다. 결국 간경화로 사망하게 된다. 이야기는 거기서 끝난다. 완벽하게 처참한 인생 아닌가.

이성의 조용한 목소리

독일의 성인 가운데 알코올 중독자가 160만에서 177만 명에 이른다는 보고가 있다. 중소 도시 인구가 평균 15만~30만 명인 걸 감안하면 참으로 적지 않은 숫자다. 취하고 싶은 욕망, 누구나 한 번쯤은 느낀다. 삶은 가끔 너무 무겁고, 실패와 굴욕, 운명의 타격은 아무 예고 없이 덮친다. 이런 걸 몇 시간 동안만이라도 안개처럼 감춰둘 수 있다면, 확실히 매혹적이다.

하지만 바로 그 지점이 경계선이다. 알코올을 자가 치료제처럼 쓰는 순간, 몰락이 시작된다. 나는 전도유망한 사람들이 술로 서서히 자기 인생을 좀먹은 사례를 수도 없이 보아왔다. 문제는 그 과정이 순식간에 일어나지 않는다는 점이다. 알코올 중독은 '미끄러운 비탈길'이다. 일단 발을 들이면 멈추기가 어렵다. 끝없이 내려가다가 마침내 파국에 이른다. 하루아침에 알코올 중독자가 되는 사람은 없다. 보이지 않게 서서히 비탈길로 슬슬 미끄러져 내려가는 것이다.

왜 이렇게 알코올 중독으로 잘 '미끄러지는' 것일까? 그건 접근성이 지나치게 좋다는 데 있다. 어둠의 경로를 거칠 필요

없이, 가까운 마트에서 아무런 제지 없이 구할 수 있다. 나는 매주 아침, 장을 보러 갈 때마다 면도도 하지 않은 노년의 남성들이 계산대에 독한 술 몇 병을 올려놓는 모습을 가만히 살펴보곤 한다. 이들은 아직 컨디션이 허락하는 이 시간에 이 의식을 마쳐야 한다. 아무도 그들을 나무라지 않는다. 마치 크루아상을 사듯 이들은 술을 산다. 이들의 중독은 사회적으로 조용히 묵인된다.

그러니 하지 말아야 할 일 목록에 '과음'을 반드시 추가하자. 취하기 위해 술을 마시는 자신을 알아챘다면, 그 순간이 바로 멈춰야 할 때다. 지금, 당장, 즉시. 자가 치료는 이제 끝내자. 세상에는 인생을 견디는 데 도움이 되는 더 좋은 도구들이 많다. 저녁에 마시는 레드 와인 한 잔이 건강에 좋다는 이야기에 스스로 설득당하지 말자. 과학적으로 보면 그 주장은 거의 근거가 없다. 정말로 건강하고 싶다면 차라리 석류 주스를 마시자. 석류 주스에는 와인보다 훨씬 많은 항산화 물질이 들어 있다.

13
다른 사람의 일에 참견해라

이웃집 부부는 이미 수년째 위태로운 상태다. 불꽃 튀는 다툼은 강도와 색감을 달리하며 날마다 계속된다. 그 집 딸은 거식증 증세를 보이고 있다. 하루라도 빨리 병원에 데려가야 한다. 그 집 아들은 열다섯 살 때 자기보다 스무 살 많은 교사와 관계를 맺었고, 그 교사는 임신했지만 가톨릭 신자인 까닭에 낙태를 거부했다. 어디 이웃집만 그럴까. 동네에서 갖가지 사건이 벌어지고 있다.

같은 골목의 어떤 집 아들은 약혼녀의 여동생과 사랑에 빠져 결혼식장에 나타나지 않았다. 지역 리그 축구 코치인 또 다른 이웃은 클럽 하우스 수리를 핑계로 니켈 도금 드라이버가 든 공구 세트를 전문점에서 훔쳤는데, 이게 처음이 아니었다. 학교에서는 리코더 교사와 학교 관리인이 자전거 창고 뒤에서 함께 있는 장면을 아이들에게 들켰다. 두 사람은 아이들에게 리코더 교사가 학교 관리인의 신발 끈을 묶는 것을 도와줬을

뿐이라고 설명했다. 일단 설명은 그랬다.

별별 스캔들, 별별 드라마가 다 있다! 중요한 건, 어떤 경우에도 참견하지 않고는 못 배겨야 한다는 것이다. 어떤 일이든 당장 끼어들어 보자. 당신은 이미 개인적인 의견을 갖고 있으며, 머릿속엔 벌써 누구 잘못인지도 정해져 있지 않은가. 당사자들과 하나하나 대화를 시도하고, 각자 입장을 들어보며 감정 이입도 해보자. 최악의 동기를 상상하고 그들 삶의 밑바닥을 들춰보자. 진실은 생각보다 스펙터클하다.

다 그렇지 뭐, 이해하는 척하면서 당신이 할 수 있는 모든 조언과 충고를 아낌없이 건네자. 그러면 더 구체적인 사실을 알 수 있게 된다. 은근히 모함도 하면서 자신이 믿을 만한 사람처럼 보이게 하자. 그러면 조만간 넷플릭스보다 훨씬 자극적이고 리얼한 장면들이 눈앞에 펼쳐질 것이다. 극적인 교향곡을 지휘하는 마에스트로가 되어 남의 운명을 자신의 운명처럼 가까이에서 체험하게 될 것이다. 단 절대로 도와서는 안 된다. 쇼는 계속되어야 하니까. 당신의 역할은 드라마가 고조되도록 부채질하며 모든 인물을 마음속에서 재판하고 판결을 내리는 것이다. 이웃들의 방구석 판사가 되어 상황을 조종하되, 당신의 개입이 발각되기 전까지는 조용히 즐기자. 당신은 다른 사람의 삶을 방해하고 파괴하는, 작고 비천하고 탐욕스러운 관음증 환자에 불과하다. 자기 삶이 없는 사람이니까.

이성의 조용한 목소리

사람들은 왜 이토록 쉽게 남의 일에 끼어들까? 이유는 다양하다.

첫째, 남의 드라마는 가십거리도 제공하고 통찰도 안겨준다. 특히 상대가 철저히 무너질수록 우리는 그 파국을 깊게 주시하며, 자신의 문제는 상대적으로 덜 비극적으로 느끼게 된다.

둘째, 남의 운명을 간섭하고 음모를 꾸미는 일은 짜릿한 쾌감을 준다. 이 짜릿함은 평범하고 반복적인 일상을 잠시나마 잊게 해주는 해방감을 준다.

셋째, 드라마의 일부가 됨으로써 자신이 내부자라는 느낌을 갖게 되고, 잠시나마 사회적 존재감이 고양된다.

넷째, 일부 사람들은 진심으로 누군가를 돕고 싶어서 끼어든다. 적어도 자신은 그렇게 믿는다.

하지만 아무리 이유가 타당해 보여도 제발 남의 일은 그냥 내버려두자. 당신을 그쪽 혹은 이쪽으로 끌어들이려는 손짓이 있어도 발을 들이지 말자. 인간관계의 드라마는 흡입력 강한 소용돌이다. 한번 발을 들이면 당신을 무섭게 끌어내릴 것이다. 처음 닿는 순간부터 객관성을 잃게 된다. 주요 행위자들과 관계가 틀어지는 것을 원치 않기 때문이다. 당신의 중상모략으로 인해 시간이 흐르면서 친구들 사이에서 평판이 나빠질 수도 있다. 잘 알겠지만, 남의 드라마가 끝나도 내 삶은 계속된다. 당신의 시간은 귀하고, 당신이 진지하게 살아야 할 인생은 이미 충분히 복잡하다. 남의 사적 경계를 존중해야 하고, 그 경계를 넘는 순간 당신이 보복의 대상이 될 수 있다는 점을 염두에 둬야 한다.

요약하자면, 타인의 일에 끼어들지 말자는 태도를 삶의 원칙으로 삼자. "각자 방식대로 살자 Live and let live." 수세기를 살아남은 이 단순하고 합리적인 구호는 지금도 여전히 유효하다. 꼭 뭔가를 파헤치고 싶다면, 왕실 가십을 다룬 저렴한 주간지를 집어 들자. 가상의 드라마에 빠져드는 건 괜찮지만, 이웃의 실제 인생에 깊이 들어가는 데는 대가가 따른다.

가장 중요한 건, 자신의 드라마에 타인이 끼어들 수 있는 여지를 애초에 주지 않는 것이다. 문제는 자기 집 안에서 해결하고, 갈등은 소규모 실내악처럼 다뤄야 한다. 대규모 오페라는 감상하는 데 너무 많은 돈이 든다.

14
나의 경험에서만 배워라

찰리 멍거는 한 졸업식 연설에서 이렇게 말했다. "자신의 경험에서만 배우고, 타인의 경험에서 얻을 수 있는 교훈은 최소화해라. 산 사람이든 죽은 사람이든." 불행한 인생과 형편없는 성과를 거의 확실하게 보장하는 전략 중 하나라고 말이다.

멍거는 사람들이 넷플릭스 시리즈에 빠져드는 것처럼 다른 사람들의 일대기, 전기를 탐독했다. 전기는 인생의 교훈을 고도로 압축해 제공한다. 몇 개의 자음과 모음으로 구성된 문장으로 한 사람의 삶의 교훈이 세기를 넘어 다른 사람들에게 전달될 수 있다니, 거의 기적이다.

그런데 내가 하고 싶은 말은 이렇다. 이런 기적에 감탄하지 말라는 것. 왜 다른 사람의 구불구불한 삶의 궤적에 신경을 써야 하나? 차라리 그 시간에 거울을 보며 이렇게 외쳐라. "나는 말로 다 할 수 없는 유일무이한 존재야. 내 인생은 다른 어떤 것과도 비교할 수 없어!" 이만한 자존감은 있어야 하지 않겠는

가. 그러니 선대가 남긴 삶의 교훈 따위는 가볍게 무시해도 된다. 우리는 전례 없는 '새로운 시대'에 살고 있으니까.

전기뿐만 아니라 책 자체를 피하자. 특히 소설. 소설은 인생의 시뮬레이션이다. 주인공은 목숨 걸고 고비를 넘기고, 독자는 소파에 앉아 맥주를 마시며 그 고비를 지켜본다. 그게 무슨 의미가 있나? 내 삶에 산적한 문제만으로도 이미 벅차지 않은가. 게다가 독서란 행위는 피곤하다. 활자를 따라가느라 눈도 아프고 졸리다. 독서로 일상을 채우는 건 어리석은 짓이다. 차라리 계속 무지한 상태로 사는 걸 택하자. 지식 없이, 교양 없이, 문화적으로 영양실조인 자신을 자랑스럽게 여겨라. 중요한 건 오직 '나의 경험'뿐이다.

사실, 자기 경험조차 무시한다면 더할 나위 없이 좋다. 절대 실수로부터 배우려 하지 마라. 이를 최적화하기 위한 전략은 간단하다. 눈속임하기, 남 탓하기, 부정하기, 잊어버리기. 이 네 가지 기술만 익히면 재앙은 끊임없이 반복된다. 그 덕에 당신은 매일 신문에 등장하는 인물들과 어깨를 나란히 하게 될 것이다. 불륜을 저지르고, 도박에 빠지고, 허영에 빠진 사람들 말이다. 그들처럼 행동해 보자! 조만간 최악의 무리 안에서, 최악의 자리에 앉아 있는 자기 자신을 만나게 될 것이다.

이성의 조용한 목소리

 자신의 실수에서 배우는 것은 은이고, 타인의 실수에서 배우는 것은 금이다. 인간은 매우 동질적이기 때문이다. 같은 문화권에서 사는 사람들은 놀라울 만큼 비슷하다. 당신이 미국인이든 독일인이든 한국인이든, 사는 곳에 따라 인생은 거의 동일한 궤적을 따라 흘러간다. 비슷한 욕망, 비슷한 고민, 비슷한 후회. 예외는 있어도 패턴은 동일하다. 일상에서 마주치는 위기와 재앙 역시 마찬가지다. 뭔가 다를 것 같지만, 대부분은 반복되는 익숙한 이야기들이다. 게다가 그런 재앙의 대부분은 우리 스스로 초래한 것도 아니다. 미리 알고 있었더라면 충분히 피할 수 있는 종류다.

 그래서 전기를 읽는 것이 중요하다. 전기는 삶을 날카롭게 비추는 서사다. 단, 아무 전기나 읽어서 되는 건 아니다. 특히 자서전은 조심해야 한다. 자서전은 저자가 자기 이야기를 편집해서 쓰기 때문이다. 의도적이든 무의식적이든, 미화는 필수적이다. 그 안에 담긴 에피소드들은 진실이 아니라 저자가 들려주고 싶은 이야기일 뿐이다. 그래서 더 신뢰할 수 있는 건 제3자가 쓴 전기다. 공인된 전기든, 비공인된 전기든. 아니, 어쩌면 후자가 오히려 더 진실에 가깝고, 독자에게 더 유익할 수 있다.

 참고로 전기를 읽을 땐 '선택 편향Selection bias'에 주의해야 한다. 우리가 읽는 대부분의 전기는 '성공한 사람'에 집중되어 있다. 실패한 인생에서 배울 게 더 많을지도 모르지만, 안타깝게도 그런 책은 거의 출간되지 않는다. 무명인의 실패담을 경제적 위험을 감수하고 내줄 출판사는 드물기 때문이다. 이럴 때 차라리 소설로 돌아가자. 소설은 전기를 완벽하게 보완해 준다. 사람과 인생에 대한 진실은 상상 속 이야기에서 더 정직하게 드러난다. 그러니 책은 가능한 한 많이 읽자. 멍거도 이렇게 말했다. "나는 평생을 살며 책을 읽지 않는데도 현명한 사람은 본 적이 없다. 진정 단 한 명도."

무엇보다 주변을 잘 살피자. 우리 주변엔 어리석은 행동에 대한 가르침이 차고 넘친다. 살아 있는 데이터베이스가 눈앞에 있다. 불행한 삶의 경로를 수집하자. 즐기기 위해서가 아니라, 실패를 피하기 위한 배움의 재료로 삼기 위해서. "왜 저 사람은 저렇게 바닥으로 떨어졌을까?" "왜 저 관계는 무너졌을까?" 과학자처럼 질문하고 분석하자. 단지 작고 사소한 어리석음 하나가 인생을 급격한 경사로로 몰 수 있다는 것을 잊지 말자.

15
소셜 미디어에 빠져라

소셜 미디어를 얼마나 자주 사용하는가? 지금보다 더 자주, 더 적극적으로, 더 전방위적으로 사용하는 건 어떤가? 지금 어디에 있든지 상관없다. 모든 플랫폼을 아우르는 진정한 파워 유저가 되자. 페이스북, 인스타그램, 엑스(구 트위터), 유튜브, 링크드인 같은 기본 패키지에 틱톡과 텔레그램도 추가하자. 모든 계정을 팔로우하고, 모든 콘텐츠에 댓글을 달고, '가치 있어 보이는' 것은 죄다 소셜 미디어에 업로드하자. 절대 활동 상태를 비공개로 전환하지 말자. 당신이 아침에 먹은 달걀, 새로 산 제모 크림, 영국 왕실에 대한 생각까지, 그 모든 것이 공적 담론의 일부가 되어야 한다.

진짜 계정 외에도 가짜 계정을 몇 개쯤 만들어두자. 거기에서 진심, 분노, 공격성, 열등감을 마음껏 풀어내자. 가짜 계정은 영혼을 위한 연고다! 무엇이든 가능하다. 노골적일수록 좋다. 자극적일수록 조회 수는 치솟는다. 음모, 계략, 거짓말, 혐오. 이것이 모바일 세상의 주류다. 미국의 작가 월터 아이작슨 Walter Isaacson이 말했듯, "모든 논쟁은 누군가 '나치Nazi'라고 외치면서 종결된다. 그것도 일곱 개의 댓글 안에서." 그러니 망설이지 말자. 바로 당신이 그 말을 외치는 사람이 되자. 게시물을 제대로 읽지 않아도 상관없다. 그 발언이 얼마나 정당한지는 중요하지 않다. 주목받는 것! 그게 전부다.

이제 당신은 관심을 진지하게 관리해야 한다. 좋아요, 별표, 클릭 수. 은행 계좌보다 이것들이 더 중요하다. 인플루언서들과 자신을 시시각각 비교하며, 그들처럼 되기 위해 시간을 쓰고, 돈을 쓰고, 존재 자체를 갈아 넣자. 더 자주, 더 시끄럽게, 더 이상하게 콘텐츠를 올릴수록, 당신은 점점 더 가상의 인지도가 얼마나 많은 것을 가져다주는지 알게 될 것이다. 끝없는 시간 낭비, 만성 스트레스, 그리고 서서히 무너져가는 슬픈 자아.

이성의 조용한 목소리

소크라테스, 플라톤, 아리스토텔레스, 석가모니, 에피테토스, 키에르케고르, 비트겐슈타인, 카뮈. 철학을 조금이라도 접해본 사람이라면 익숙한 이름들일 것이다. 나는 가끔 상상해 본다. 이 위대한 사상가들이 살아 있었다면 소셜 미디어를 어떻게 바라봤을까? 그 대답은 어쩐지 너무나 명확해 보인다. 이들

중 그 누구도 끊임없는 비교와 외적 시선을 통해 지혜를 발견하지는 않았다. 오히려 그 반대, 내면의 성찰에서 길을 찾았다. 스토아주의, 불교, 기독교, 분석 철학, 실존주의 모두 마찬가지다. 하나같이 좋은 인생으로 가는 길은 바깥이 아니라 내면에 있다는 것에 동의한다. 그럴듯한 자아 표출과 자기 연출로는 절대 가지 말아야 한다.

여러 연구 결과가 보여주듯이, 우리가 소셜 미디어를 멀리해야 하는 몇 가지 타당한 이유가 있다. 첫째, 우리는 소셜 미디어에서 다른 사람들의 '가공된 삶'을 접하면서 자연스럽게 우울, 불만, 질투를 느낀다. 어떻게 안 그러겠는가? 다들 자신의 삶에서 가장 잘 나온 장면만 편집해서 올려대는데. 소셜 미디어는 질투를 유발하도록 설계된 기계다.

둘째, 소셜 미디어는 우리의 관심을 앗아가고 뇌를 산만하게 만든다. 결국 집중력은 무너지고 생산성은 떨어진다.

셋째, 대화를 나누면서 스마트폰을 확인하는 행동은 곁에 있는 사람을 모욕하는 일이다. 상대가 겉으로는 웃지만, 속으로는 "꺼져!"라고 말하고 있을지도 모른다.

넷째, 소셜 미디어는 현실의 경험으로부터 나를 분리시킨다. 세상을 모두 스크롤했지만, 정작 아무것도 경험하지 않은 채 하루가 끝난다. 이해한 것은 더욱 없다.

소셜 미디어와 사는 것은 장점이 거의 없다. 심지어 그것으로 돈을 버는 사람조차 어느 순간 죽은 새처럼 떨어진다. 나는

12년 동안 소셜 미디어 없이 살고 있고, 그렇더라도 아무 문제가 없다. 나의 시간을 충분히 즐기고 있다.

  우리는 과거의 일을 보며 자주 고개를 젓는다. 어떻게 왕을 신처럼 숭배했지? 어떻게 여성들을 마녀라며 불태웠지? 어떻게 사람을 노예로 사고팔았지? 어떻게 마구잡이로 바다에서 남획하고, 석유를 태우곤 했지? 어떻게 아무 데서나 담배를 그리 많이 피워댔지? 이렇게 문명의 역사에도 어리석음이 가득한 걸 보면 참으로 의아하다. 그런데 백 년 후의 사람들이 우리를 보며 같은 질문을 던지지 않을까? "저 사람들은 왜 소셜 미디어에 인생을 바쳤을까? 왜 그렇게 무의미한 콘텐츠를 끝없이 만들고, 공유하고, 소비했을까? 그보다 나은 일은 없었던 걸까?"

16
길이 막힌다고 화내기

2003년 9월의 어느 날, 나는 미국 휴스턴의 10차선 I-610 고속도로 한가운데에 가지도 오지도 못하고 갇혀 있었다. 땡볕 아래 자동차 지붕 위에는 뜨거운 공기가 이글거리고, 엔진 소리는 잠잠했으며, 전방은 미동도 없었다. 30분쯤 지나자 조금 움직이는가 싶더니, 10미터쯤 전진하고 다시 정지. 그때, 옆 차선에서 닛산의 연갈색 서니Sunny 차량의 여성 운전자가 시동을 걸기 위해 애쓰고 있었다. 그렇지만 차는 움직일 기미가 없었고, 뒤에서 날아드는 경적은 가차 없었다.

여자는 필사적이었지만, 아무도 도와주지 않았다. 그 순간, 뒤쪽 차에서 한 남자가 내렸다. 손에 권총을 든 그는 곧바로 닛산 차량 앞에 서더니 보닛을 향해 세 발을 쏘았다. 그러고는 한결 편안해진 표정으로 태연히 자기 차로 돌아가 운전석에 앉았다. 아무도 움직이지 않았다. 나 역시 그중 하나였다. 모두 운전대에 붙어서 정면을 바라보며 침묵했다. 몇 분 뒤, 교통 체증은 갑자기 풀렸고 차량들은 다시 달리기 시작했다. 당연히 닛산은 예외였다. 엔진에서 기름이 새고 있었으니까.

그날 내가 겪은 건 미국에서 '로드 레이지Road rage'라 불리는 현상이다. 물론 극단적인 사례이긴 하지만, 아주 드문 일도 아니다. 로드 레이지는 분노를 쏟아내는 가장 일반적인 방식 중 하나이자, 동시에 빠르게 자기 인생을 무너뜨리는 방법이기도 하다.

이에 대한 내 조언은 간단하다. 자동차를 탈 땐 항상 글러브 박스에 무언가를 준비해 두자. 권총이 어렵다면 야구 방망이라도 좋다. 도로가 막히면, 가끔은 당신이 직접 '길을 뚫는 사람'이 되자. 어쨌든 누군가는 일을 진전시켜야 하지 않겠는가. 누군가의 실수, 무시, 부주의, 비매너가 느껴지면 참지 말고 즉시 반응하자. 물론 사람을 직접 쏘는 건 안 된다. 당신은 범죄자가 아니니까. 타이어에 구멍을 내든, 엔진을 터뜨리든, 중요한 건 행동이다. 보복은 걱정하지 마라. 아무도 당신이 하는 일에 말려들고 싶지 않을 테니까. 당신은 언제든 도로 위에서 스트레스를 해소할 수 있으며, 그 과정에서 입술을 깨물고 앉아 있는 모든 겁쟁이들을 대신해 용기 있게 행동한 자의 기쁨도 누릴 수 있다.

1993년에 나온 영화 〈폴링 다운〉의 주인공처럼 매일 미쳐 돌아다닐 필요는 없다. 하지만 가운데 손가락 하나쯤은 늘 준비해 두자. 아니면 속도를 높여 바싹 따라붙고, 추월할 땐 갑작스럽게 끼어들고 급제동을 걸며 상대에게 경각심을 심어주자. 열린 창문 틈으로 라이터나 페트병을 던져도 괜찮다. 누가 뭐라 하겠는가?

 거리낌 없이 우위를 점하며 이익을 취해라. 마지막 남은 주차 공간을 차지하기 위해 일방통행 도로를 역주행하며 들어가는 것과 같은. 정석대로 들어온 다른 운전자가 황당한 눈빛으로 당신을 쳐다볼지라도, 화를 내며 뭐라 할지라도 활짝 웃으며 눈을 마주치자. 분노가 당신을 더 강하게 만든다는 걸 곧 깨닫게 될 것이다. 가끔 욕설을 내뱉어 주어야 미치지 않는다. 그러니 전속력으로 달리자!

이성의 조용한 목소리

 도로 위에서 끓어오르는 분노를 느낀 적이 한 번도 없는가? 차창 밖으로 고개를 내밀고 욕을 퍼부은 적이 없는가? 아니면 스스로 난처해질 때까지 경적을 울린 적은? 적어도 나는 도로 위의 성자는 아니다. 하지만 나는 이제 도로 위에서 분노하지 않는 드문 운전자에 속한다. 가장 큰 이유는 나이가 들었기 때문일 것이다. 여러 연구에서 젊은 남성 운전자들이 고령 운전자나 여성 운전자보다 공격적인 성향을 띤다는 사실이 드러났다. 게다가 더운 날씨는 분노를 더욱 부추긴다. 그러니 휴스턴에서 내가 겪은 일도 전혀 이상할 건 없다. 그래도 이렇게 결심하자. 차에 오를 때는 반드시 분노는 차 밖에 둘 것. 시간에 쫓기지 않도록 출발은 항상 여유 있게 할 것.

교통 체증에 시달리고 있다면 화가 나는 것도 당연하다. 하지만 차를 끌고 나온 나 역시 이에 일조하고 있지 않은가. 시간 낭비를 하고 있다는 불쾌한 감정에서 벗어나고 싶다면 오디오북이나 팟캐스트를 미리 준비하자. 참고로 나는 소음 차단 기능이 있는 헤드폰으로 듣는다. 바깥에서 보면 살짝 이상하게 보이겠지만, 이게 훨씬 낫다. 피할 수 없는 교통 체증에 괴로워하는 대신 즐거운 경험을 할 수 있다.

마지막으로 작지만 강력한 조언 하나. 자동차 콘솔 박스에 스펀지로 된 빨간 광대 코 하나를 넣어두자. 누군가 당신에게 욕설을 퍼붓고 분노를 던질 때, 광대 코를 꺼내 코에 끼우고 히죽히죽 웃어보자. 상대를 무장 해제시킬 것이다.

17
부정적인 사람들을
곁에 두기

당신이 조금이라도 낙관적인 성향을 가졌다면, 불행한 삶으로 가는 출발점에 서기에는 부족하다. 다행히도 이를 간단히 상쇄할 방법이 있다. 항상 투덜대는 사람들을 곁에 두면 된다. 그들은 곧 당신을 자기 세계로, 어둡고 축축한 그림자 속으로 끌고 들어갈 것이다.

　행복한 사람들은 아무런 도움이 되지 않는다. 이들의 웃음, 생의 기쁨, 삶에 대한 열정 같은 건 잠깐 보면 질투만 나고, 오래 보면 신경질이 난다. 게다가 그들의 긍정적인 사고방식은 어딘가 비현실적이고 인위적으로 느껴진다. 긍정적인 사람들은 위험하다. 그들의 기분 좋은 바이러스는 독감보다 더 빨리 퍼진다. 따라서 안전거리를 유지해야 한다. 그리고 절대로 '물이 반이나 남았다'와 같은 순진한 말을 되뇌지 말자. 잔에 물이 반이나 있든, 반밖에 없든, 현실은 대체로 비어 있다.

　잠깐 화학적으로 접근해 보자. 물은 H_2O다. 하나의 산소 원자와 두 개의 수소 원자로 구성된다. 각각의 원자는 원자핵과 그 주위를 돌고 있는 전자로 이루어져 있다. 만약 원자 하나를 파리Paris 크기로 확대하면, 원자핵은 겨우 멜론만 하고 전자는 파리 외곽 어딘가에서 배회하고 있을 것이다. 그 사이 공간에는 아무것도 없다. 순수한 공허다. 그러니 물이 '가득 찼다'는 말은 사실상 허구다. 본질적으로 비어 있다고 할 수 있다.

"부정적인 머리는 절대 긍정적인 인생을 살 수 없다"는 옛말이 있다. 이 말을 반드시 마음에 새겨야 한다. 당신이 추구하는 건 불행한 인생이니까. 이를 위해서는 특별히 노력할 필요도 없다. 노벨상 수상자 대니얼 카너먼Daniel Kahneman과 그의 동료 아모스 트버스키Amos Tversky는 인간이 부정적인 정보에 훨씬 더 민감하게 반응한다는 사실을 입증했다. 주식 투자에서 5퍼센트의 손실이 10퍼센트의 수익만큼 감정적인 충격을 안겨준다는 것이 그들의 실험 결과다. 이를테면, 치주염으로 인한 고통이 승진의 기쁨만큼 강렬하게 느껴지는 것이다.

삶의 재료로써 부정이 긍정보다 압도적인 효과를 가진다면, 우리는 그냥 세상을 있는 그대로 바라보기만 해도 된다. 긍정이 반응하기도 전에 부정이 우리를 먼저 사로잡을 테니까. 그러니 부정적인 태도는 역설적으로 가장 자연스러운 것이다. 이에 기분 나쁠 필요는 없다. 아니지, 나빠져도 좋겠다. 제발 그렇기를!

이성의 조용한 목소리

"당신이 사귀는 사람은 당신 그 자체다"라는 말이 있다. 즉 주변에 있는 사람들이 나를 형성하고, 내가 누군지 말해준다는 뜻이다. 누구와 많은 시간을 보내느냐에 따라 생각, 말투, 감정, 행동이 영향을 받는다. 이를 '정서적 전염'이라고 한다. 전염은 대부분 무의식적으로 일어난다. 당신은 부정적인 사람의 말투와 표정을, 그들의 습관과 태도를 조금씩 모방하게 된다. 이는 간접흡연과도 비슷하다. 당신이 담배를 피우지 않아도, 옆 사람이 피우면 해로운 연기를 들이마시게 된다. 언젠가는 당신 스스로 담배를 입에 물게 될 수도 있다. 따라서 나는 이렇게 권한다. 부정적인 사람과는 거리를 두라고. 나에게 늘 도움이 되었던 말이 있다. "그들이 당신 머릿속에 살게 두지 마라."

어디를 가든 유난히 불평과 냉소가 진하게 깔린 곳이 있다. 조직이든 도시든 간에. "어차피 안 돼", "꼭 그래야 해?" 같은 말을 자주 듣는 환경이라면 그곳에서 벗어나자. 멀찍이 거리를 두자.

부정적인 태도가 왜 그렇게 나쁜 걸까? 첫째, 여러 연구가 증명하듯이 스트레스 지수를 높인다. 만성 스트레스는 우리의 면역 체계를 약화시켜 건강에 해롭다. 둘째, 개인의 성장과 발전을 막는다. 자신감과 자존감이 떨어지는 것은 물론이다. 셋째, 아주 단순하게 행복의 길로 가는 것을 막는다. 매사에 투덜대면 얻는 것은 거의 없고, 잃는 건 끝도 없다.

다행히도 정서적 전염은 다른 방향으로도 일어난다. 긍정도 전염된다. 긍정적인 사람들과 함께 있다 보면 긍정적인 인생을 살 수 있다. 활력, 몰입, 창의성, 만족감, 감정적 회복력, 성취감을 얻는 것은 물론이고 장수까지 누리게 된다.

18
이웃과 싸울 거리를 찾자

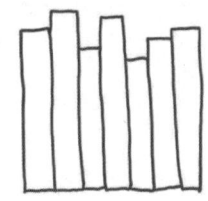

이웃을 결코 그냥 내버려두지 마라. 건드려라. 그래야 그도 기꺼이 당신을 괴롭힐 것이다. 타협은 없다. 용서도 없다. 예외는 더더욱 없다. 당신의 정신은 마치 매처럼 이웃집 울타리를 맴돌아야 한다. 먹잇감이 포착되면 망설이지 말고 덮쳐라. 경계선은 정확한가? 나무는 규정대로 심어졌는가? 잡초가 울타리 밖으로 넘어와 자라지는 않았는가? 이웃의 차는 주차선을 벗어나지 않았는가? 야간 소음 규정은 철저히 준수되고 있는가? 혹시 그 집에 알레르기 유발 동물이 있지는 않은가? 있다면, 당장 의사의 소견서를 흔들어 보이자. 아무리 귀엽고 앙증맞은 강아지라 할지라도, 그 강아지를 며칠 만에 보내야 할지라도 어쩔 수 없다. 미리 양해를 구했어야 했다.

이웃이 요리에 열정을 쏟는 타입인가? 그렇다면 고성능 환풍기를 설치하고 주방 창문을 꼭 닫도록 해야 한다. 비용이 얼마나 들든 당신이 관대할 의무는 없다. 노골적인 위반이 발생할 때까지 기다리지 말고, 사소한 것에도 즉각적으로 반응하자. 예를 들어, 바람에 떠밀린 낙엽 몇 장이 당신 집 진입로에 떨어져 있다면? 즉시 항의하자. 아니면, 아예 대화를 시도하지 말자. 항의는 대화가 가능하다는 신호를 보내는 것과 마찬가지니까. 변호사를 부르겠다는 말로 겁줄 필요도 없다. 그냥 변호사를 바로 데려오자. 연간 고정 계약을 체결해라. 그래야 언제든 갈등이 생길 때 즉시 자문을 구할 수 있고, 그 서비스를 더욱 이용하도록 스스로를 충동질하게 된다. 특히 새로운 이웃이 이사 올 경우엔 가장 먼저, 가장 강하게 나서야 한다. 이사 첫날부터 가격표를 알려주자.

혹시 이웃이 흠잡을 데 없이 공손하고, 선의로 행동하며, 당신에게 친절하기까지 하다면? 걱정하지 마라. 그럴수록 경계심을 더 강화하자. 그는 당신의 의심을 잠재우기 위해 일부러 연막을 치고 있을 가능성이 크다. 어쩌면 진짜 목적은 공동 구역의 '그릴 금지'를 무력화하려는 것일지도 모른다. 지정학적 원칙은 이웃과의 관계에서도 동일하게 적용된다. 평화는 전쟁이 멈춰 있는 상태일 뿐이다.

그렇다면 당신은 이로부터 무엇을 얻게 될까? 맞다, 바로 당신이 원했던 시끄럽고 고달픈 삶이다. 평온한 일상은 사라진다. 혈압이 천정부지로 치솟는다. 이제 이웃에 대한 생각만 해도 골치가 아프다. 그제야 이 모든 건 당신 스스로가 벌인 일임을 깨닫는다.

이성의 조용한 목소리

이웃 관계는 보기보다 훨씬 복잡하다. 두 가지 진화적 이유가 있다.

첫째, 인간을 포함한 다수의 동물은 본능적으로 자신의 영역을 보호하려는 성향이 있기 때문이다. 과거에는 하천과 덤불이 경계였다면, 지금은 튼튼한 담벼락과 부동산 경계가 그것을 대신한다. 이러한 영역 보호 본능은 아주 작은 침범이나 의심에도 쉽게 깨어난다.

둘째, 다른 동물 종과 마찬가지로 인간도 사회적 위계질서를 형성하기 때문이다. 의식적이든 무의식적이든, 이웃 간에 사회적 지위를 두고 자동적으로 경쟁이 벌어진다.

보호 본능과 위계질서 의식은 기본적으로 충돌의 불씨가 된다. 그러니 조심하는 게 좋다. 원만한 이웃 관계는 천금과 같이 귀하다.

좋은 이웃 관계의 장점을 우리는 범죄학에서도 찾을 수 있다. 바로 '집단 효능감'이라는 개념이다. 시카고대학교의 연구진은 1997년에 도시에서 사회적 결속이 높은 지역일수록 범죄 발생률이 현저히 낮다는 사실을 밝혀냈다. 이런 곳에 사는 주민들은 서로에게 우호적이어서 기꺼이 서로를 살펴주며, 의심스러운 정황이 포착되면 언제든 신고할 준비가 되어 있다. 그런데 좋은 이웃을 두는 것은 돈의 문제이기도 하다. 보통은 이웃 사이에 화목한 분위기가 조성되는 동네를 더 선호하며, 이는 부동산 가격에 간접적인 영향을 미친다.

  모든 사람이 당신 마음에 들 수는 없다. 당신 또한 누군가의 기준에선 거슬릴 수 있다. 하지만 우리는 '사람' 사이에서 살고 있다. 사람을 피할 수는 없으니, 이웃이 당신 마음에 들지 않는다고 해서 그의 면전에 대고 소리를 내지를 필요는 없다. 미소를 지어 보이자. 좋은 아침, 인사를 해주자. 3초면 충분하다. 함께 휴가를 가자는 것도 아니고, 주말마다 정원을 같이 가꾸자는 것도 아니다. 그런 걸 요구할 사람도 없다. 물론 누군가 와서 "잠깐 전기 드릴을 빌릴 수 있을까요?"라고 할 수는 있다. 그러면 당연히 빌려주면 된다!

19
약물에 의존해라

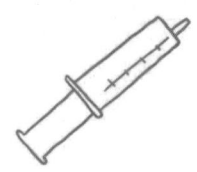

약물은 빠르다. 뭣 하러 술처럼 느릿한 우회로를 돌아가는가? 인생을 더 빠르고 치명적으로 망치고 싶다면 약물이 최고다. 이렇게 시작하면 된다. 먼저 '한 번쯤은 괜찮겠지'란 생각을 가져라. 지금 읽는 이 책을 언제든 덮을 수 있듯이, 약물도 언제든 끊을 수 있을 거라는 확신을 가지고. 그리고 다음 단계로 빨리 넘어가자. 대마초, 환각 버섯, 수면제 같은 가벼운 약물로는 부족하다. 곧장 헤로인, 코카인, 메스암페타민, 펜타닐 쪽으로 옮겨가자. 인생은 짧고, 2등급 약물에 머물기엔 시간이 아깝다. 강한 약물은 더 빠르고, 더 확실하게, 더 치명적으로 우리를 중독시킨다. 구하기 어렵다는 점은 덤이다. 그 점이 일상에 긴장감을 더한다.

그러다 보면 수중의 현금은 금세 바닥을 보인다. 이렇게 피할 수 없는 상황에 맞닥뜨리게 되면 수많은 선배 중독자들이 거쳐 간 길을 따르면 된다. 경범죄 분야의 새로운 사업가가 되는 것이다. 이를테면 소매치기 같은. 평생 유용하게 쓸 지식과 기술을 습득하게 될 것이다. 그간 몰랐던 우리 사회의 새로운 이면을 알게 되는 추가 혜택도 얻을 수 있다. 사회학 이론을 몸소 경험할 수 있는 새로운 기회를 맞이하자.

물론 직장과 가족을 잃고, 명성과 평판 또한 떨어져 더 이상 제 기능을 하지 못할 것이다. 괜찮다. 요즘 세상에 누가 그런 단조롭고 지루한 일상을 원한다고. 그저 기분이 좀 더 나아질 때까지만 계속하겠다고 스스로를 다독이자. 분명 그렇게 될 것이니! 당신 몸이 친히 알려줄 것이다. 행복해지기 위해 무엇이 필요한지를. 몸이 떨리기 시작하기 전에 몸이 원하는 것을 주자. 전문가에게는 딱히 도움을 요청하지 말자. 전문가들이 원하는 것은 단 하나다. 당신의 즐거움을 망치고, 당신을 비참하게 만드는 것.

이성의 조용한 목소리

여기서는 지극히 단순하고 평범한 말을 해야겠다. 약물은, 어떤 경우에도, 무슨 일이 있어도, 절대, 시도하지 말자. 단연코 단 한 번도 안 된다. 약물은 '하지 말아야 할 목록'에서 가장 위에 놓아야 한다. 이유는 단순하다. 0차례(시도 없음)와 1차례(한 번 시도) 사이의 거리가 한 번과 천 번 사이의 거리보다 더 멀기 때문이다. 이는 살인과도 비슷하다. 한 명을 죽이든 천 명을 죽이든 '살인자'는 살인자다.

당신이 환각 파티에 초대받았을 때 조용히 거절한다면, 누군가는 그걸 보고 고상한 척하는 재수 없는 인간이라고 할지도 모른다. 하지만 그건 당신이 강인하다는 증거다. 그렇게 받아들이고 압력에 굴하지 말자. 스스로를 자랑스러워하자. 물론 그런 초대가 오지 않도록 처음부터 관심을 두지 않는 게 중요하다. 찰리 멍거는 이렇게 말했다. "나는 지금껏 수십여 년을 살면서, 약물이라는 파멸적인 길을 지나치게 회피해서 자기 인생을 망친 사람을 단 한 명도 본 적이 없다." 이 말이 정답이다.

사실 약물 문제는 꽤 심각하다. 미국에서만 매년 10만 명이 약물 과다 복용으로 사망한다. 10만 개의 십자가가 세워진 공동묘지를 상상해 보자. 각 무덤엔 누구나 그 결말을 알 수 있는, 고통의 소용돌이 속에서 몰락한 생의 마지막이 놓여 있다. 어쩌면 편안하고 즐거운 인생을 누릴 수도 있었다. 그들도 어쩌면 한때는 놀이터에서 그네를 타며 해맑게 웃던 소년, 소녀 시절이 있었을 것이다. 하지만 그들 모두 0차례와 1차례의 경계를 넘는 바람에 지옥행을 면치 못했다.

개인만 망가지는 게 아니다. 가정이, 사회가, 국가가 무너진다. 1800년대까지만 해도 중국은 전 세계 생산량의 3분의 1을 차지하는 막강한 대국이었다. 하지만 1900년 무렵, 그 수치는 2퍼센트로 추락했다. 세계 경제사상 유례없는 급격한 몰락이었다. 왜 그렇게 되었을까? 바로 약물 때문이다. 19세기에 영국은 당시 식민지였던 인도를 통해 대량의 아편을 생산했고, 중국을 그 시장으로 삼았다. 이 때문에 중국 정부가 문제를 삼자 두 번의 전쟁, 즉 '아편 전쟁'이 벌어졌다. 전쟁은 영국의 승리로 끝났고, 중국은 '백년국치'라는 굴욕의 세기를 맞이하게 되었다.

그러니 약물은 절대 시작조차 하지 말자. 그럼에도 약물로 인한 환각이 궁금한가? 영국 작가 이언 매큐언Ian McEwan의 말을 들어보자. "LSD에 취하면 어떤 느낌이냐고요? 네 살짜리 아이와 함께 아침 식사를 하는 것 같아요."

(참고로 LSD는 강력한 환각제인 리세르그산 디에틸아마이드Lysergsäurediethylamid의 약어다.)

20
한길만 걸어라

여기, 호텔경영학 학위를 막 손에 쥔 사무엘이란 사람이 있다. 그는 첫 직장으로 여행사를 택했다. 넘치는 열정과 에너지로 사회생활을 시작한 그는 빠르게 경력의 사다리를 타고 올라가 지점장 자리에 올랐다. 고객들은 그가 쌓아온 현장 경험과 여행 정보를 신뢰했다.

하지만 시간이 흐르면서 판도가 바뀌었다. 온라인 예약 플랫폼이 폭발적으로 성장하며, 전통적인 여행사 모델은 송두리째 흔들리기 시작했다. 업계 전체가 몰락의 그림자 속으로 들어섰지만, 자기 직업에 대한 사무엘의 충성심은 흔들리지 않았다. 늘 앉던 의자, 책상 위의 두툼한 지도, 빽빽한 여행 안내서가 쌓인 접대용 탁자. 이런 사무실을 떠난다는 상상만으로도 등골이 서늘했다. 사무엘은 스스로를 다독였다. 이런 시대에도 진정한 여행 전문가의 역할은 언제든 필요할 거라고. 본사가 완전히 문을 닫을 때까지 그의 생각은 변함없었다.

가망 없는 삶을 살고 싶은가? 그렇다면 나의 조언은 이렇다. 첫 직장을 평생의 직업으로 삼자. 그리고 좋든 싫든 그 자리에서 떠나지 말자. 한길만 걷는 거다. 업계가 위축되는 상황이어도 걱정할 필요 없다. 역량을 키우거나 분야를 옮기느니, 침몰하는 배와 함께 가라앉는 편이 훨씬 덜 피곤하다.

이성의 조용한 목소리

사무엘의 이야기는, 첫 직장이 인생 전체의 진로를 어떻게 확정지어 버리는지를 전형적으로 보여주는 사례다. 처음부터 승진이 이렇게나 빠르다니. 이는 그리 놀라운 일이 아니다. 피라미드를 생각해 보자. 가장 낮은 아래층에서 바로 윗 계단을 오르는 데는 대단한 능력도, 대운도 필요 없다. 직장도 마찬가지다. 이직이나 퇴직 등으로 자연스레 인력들이 빠져나가고, 자리는 빈다.

다만 아직 아무것도 모르는 사회 초년생에게 이른 승진은 착각을 일으킨다. '나는 완벽한 경로로 가고 있어'라고. 이러한 현상을 '슈팅 스타 환상Shooting star illusion'이라고 한다. 하지만 높이 올라갈수록 공기는 희박해지고, 발 디딜 자리는 줄어든다. 결국 단 하나, CEO 자리만 남는다.

몸담은 업계가 계속 성장세를 보이고 있다면 다른 회사로 옮기면 된다. 하지만 업계가 하락세에 들어서고 있다면? 현실은 가혹하다. 마치 일방통행 길에 갇힌 사무엘처럼.

혹시 '산업의 미래'를 정확히 예측해서 대비하는 것이 해결책이 될 수 있을까? 좋은 생각이긴 하지만, 그런 통찰력이 있는 사람이라면 굳이 직장 생활을 할 필요가 없다. 투자로 억만장자가 될 수 있을 텐데 뭐 하러 그러겠는가. 솔직히 말하자면, 앞으로 30년 동안 개별 직업이나 산업 분야가 어떻게 발전할지 정확히 예측할 수 있는 사람은 하나도 없다. 무명의 스타트업 회사에 불과했던 구글이 언론을 집어삼키는 거물이 될 줄 1990년대에 누가 짐작이나 했겠는가? 수익성 높은 독점 신문사들이 현재 거대 기업이 된 구글에게 광고 수익의 상당 부분을 빼앗기게 되었다. 진짜 혁신은 본질적으로 예측할 수 없다. 그게 가능했다면 너도나도 다 알고 있었을 것이다.

일방통행 도로를 피해 가는 방법은 하나뿐이다. 바로 '학습 기계'가 되는 것. 성공한 사람들은 모두 늘 새로운 것을 배운다. 매일 스펀지처럼 새롭고 유의미한 지식을 흡수한다. 최소한 내가 아는 성공한 사람들은 모두 그러했다. 그것이 성공의 비결이다. 찰리 멍거는 말했다. "나는 똑똑하지도 않고, 가끔은 부지런하지 않은 사람이 성공하는 것을 자주 보았다. 이런 사람들은 학습 기계로, 아침보다 조금 더 현명해진 채로 잠든다. 긴 여정을 앞두고 있다면 이는 매우 큰 도움이 된다." 학습은 심지어 지능보다 중요하다. 멍거는 캘리포니아대학교 졸업식에서 이렇게 말하기도 했다. "여러분, 평생 배워야 합니다. 평생 학습하지 않으면, 지금 가진 것만으로는 결코 멀리 가지 못할 거예요. 졸업한 후에도 배워야만 여러분은 앞서 갈 수 있습니다."

요약하면 이렇다. '슈팅 스타 환상'에 빠지지 마라. 초기 성과가 좋다고 해서 향후 20년간 고공비행이 계속될 것이란 착각에 빠져서는 안 된다. 이제 막 사회생활에 발을 디디기 시작했다면, 한 분야만 파지 말고 다양한 분야에 도전해 보자. 일단 한 분야에서 자리를 잡았다면, 자신의 전문성을 집요하게 키워라. 기술과 지식은 의외로 빠르게 구식이 된다. 변화는 하루아침에 찾아오지 않고, 약 1~3년에 걸쳐서 서서히 쌓이며 이뤄진다. 따라서 꾸준히, 많이 읽어라. 매년 50권의 책을, 매주 10편의 긴 글을 읽어라. 자신의 기술과 지식을 편집증적으로 관리해라. 생각보다 멀리 가는 건 어렵다. 아울러 배가 가라앉기 전에 뛰어내려라.

21
가볍게 굴지 마라

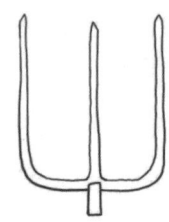

1930년에 미국 화가 그랜트 우드Grant Wood가 그린 〈아메리칸 고딕American Gothic〉이란 작품을 알고 있는가? 미국 시골의 고요한 풍경을 배경으로 한 농부와 그의 딸(언뜻 보면 부인처럼 보이기도 하는)이 굳은 얼굴로 서 있는 이 그림은 가장 많이 패러디된 회화로, 시카고 미술관The Art Institute of Chicago에서 볼 수 있다. 어쩌면 이 그림을 몰라도, 자신도 모르는 새에 다른 패러디 버전을 본 적이 있을 것이다.

  그림 속에는 남자가 손에 쇠스랑을 들고 서 있고, 뒤로는 신고딕 양식의 박공지붕을 얹은 집이 우뚝 서 있다. 두 사람은 심각한 표정으로 세상을 응시하고 있다. 내가 보기엔 인생의 고단함을 상징적으로 묘사한 것 같다. 제대로 불행한 삶을 살고 싶다면 바로 이런 식으로 삶을 대해야 한다. 짜증스럽고, 암울하고, 뻣뻣하고, 재미없게. 장난치고 싶은 충동에 제어를 걸자. 경박한 언행? 절대 안 된다. 약간의 느슨함도 금기다. 그러면 당신은 최고 부류에 속하게 될 것이다. 신 또한 농담을 전혀 이해하지 못한다.

노벨 물리학상 수상자이자 봉고 연주자였던 리처드 파인만Richard Feynman을 보자. 그는 인생을 조금도 진지하게 여기지 않은 자유 분방한 사람이었다. 디지털 시대를 연 수학자 클로드 섀넌Claude Shannon은 어떤가? 그는 외발자전거를 타는 것도 모자라 그 위에서 저글링까지 했다. 레오나르도 다빈치의 노트에는 실험과 아이디어 외에도 장난스런 낙서와 유머로 가득했다. 이들의 명랑함과 유쾌함을 주의하자! 이런 사람들을 따라해서는 불행한 삶을 살 수 없게 된다. 최악의 경우 좌절감에 비틀거리며, 어떤 형태로든 성공에 다다르게 될지도 모른다.

내 첫 출판사였던 스위스의 디오게네스Diogenes 출판사 창립자 다니엘 킬Daniel Keel은 참으로 장난스러운 사람이다. 언젠가 그를 만나러 갔을 때, 그는 두 팔을 벌려 나를 맞으며 이렇게 말했다. "왼손에는 탄생, 오른손에는 죽음. 그리고 그 사이에는 인생의 모든 어리석음이 있답니다." 이 말을 절대 따라 하지 말자. 불행하고 싶다면 그 반대로 말해야 한다. "왼손엔 탄생, 오른손엔 죽음. 그리고 그 사이에는 인생의 모두 쓰디쓴 진지함이 있다."

하루하루 한탄하며 살아가자. 힘들어서 그렇게 하는 것이 아니라 불행한 삶의 원칙에 따라서 능동적으로 말이다. "즐기지 않는 한, 원하는 것은 무엇이든 해도 된다." 오스트리아의 철학자 파울 바츨라비크Paul Watzlawick가 1983년에 펴낸 책《불행으로의 안내Anleitung zum Unglücklichsein》에서 묘사한 청교도식 삶의 핵심이다.

이성의 조용한 목소리

나는 열여덟 살 때 1년 동안 웃지 않기로 결심했다. 웃는 건 에너지 낭비라고 생각했다. 얼굴 근육을 움직여야 했으니까. 나는 에너지는 세상의 문제를 사유하는 데 써야 한다고 믿었다. 그래서 나는 웃지 않았고, 재미있는 친구들을 시종일관 피했고, 이 터무니없는 결심을 12개월 동안 충실히 이행했다. 그 결과, 세상의 문제는 단 하나도 해결하지 못했고 내 모습이 비참하게 느껴졌다. 정확히 1년 뒤, 바보 같은 실험이 끝나고 나서야 나는 조심스레 입꼬리를 움직여 보기 시작했다. 그러자 여자애들이 다시 말을 걸었고, 삶이 더 빛나고 흥미로워졌다. 그렇다고 내가 지금 활발한 사람은 아니지만, 그때의 경험으로 가벼움의 이점을 배웠고, 그건 분명 잘한 일이었다.

삶을 유쾌하게 대하는 것에는 단점이 존재하지 않는다. 다소 성가시게 느껴질 때가 있긴 하지만. 독일 할레대학교의 심리학자 르네 프로이어René Proyer의 연구에 따르면, 삶을 유쾌하게 대하는 것은 창의력을 높여준다. 또한 캐나다에서 진행된

한 연구에 따르면, 스트레스를 줄여주며 그렇게 사는 사람에 대한 호감도를 높여준다고 한다. 당연한 말이지만, 유머 감각이 풍부한 사람이 더 행복하다. 그래서 전하는 소소한 제안 하나. 당신만의 '도파민 목록'을 만들어보자. 단조로운 일상 속에서 벗어나 틈틈이 생에 활기를 불어넣을 수 있는 활동들로 채워보자. 참고로 내 목록엔 이런 것들이 있다. 재즈 듣기, 전기 자전거 타고 목적 없이 도시 곳곳을 돌아다니기, 비행 시뮬레이션 게임 하기, 유튜브로 스탠딩 코미디 영상 보기, 아이들과 의미 없는 장난치기 등. 그리고 한 가지 더, 불운은 웃어 넘기자. 살다 보면 운이 없을 때도 많다.

  물론 진지한 사람에게 이건 도전이다. 이미 짜진 '정신적 직물'에 장난스러운 실 하나 꿰는 일이 그리 쉽지만은 않다. 하지만 꼭 해보자. 아무런 비용도 들지 않는다. 인생은 진지하지만, 동시에 놀이이기도 하다. 우리가 본받아야 할 철학자, 과학자, 예술가, 운동선수 같은 사람들에겐 공통적으로 유쾌한 가벼움이 있었다. 어차피 백 년 뒤에는 아무도 당신에 대해 이야기하지 않는다. 오늘 하루 당신이 조금 더 여유롭고 가볍게 살더라도 큰일이 일어나지는 않는다.

22
죄책감에 빠져들어라

정말로 희망 없는 인생을 원한다면, 죄책감이라는 훌륭한 감정에 풍덩 빠져들기를 권한다. 이는 아주 간단하게 할 수 있는데, 지금은 그 어느 때보다 잘못을 많이 저지를 수 있는 시대이기 때문이다. 우리는 '종합 죄책감 마트' 속에 살고 있다. 매대마다 갖가지 죄가 빼곡히 진열되어 있으니 마음껏 골라보자. 예를 들어 '개인 행동' 코너에 가보자. 거기엔 당신에게 특화된 더 많은 상품이 마련되어 있다. 오늘 점심에 감자튀김을 먹었는가? 양상추는 사놓고 썩혔는가? 운동은 또 미뤘는가? 죄책감 장바구니에 담기 딱 좋은 상품들이다.

다음은 '대인 관계' 진열대다. 여기에는 죄가 커다란 상자에 담겨 있다. 혹시 오늘 본의 아니게, 선의일지라도 누군가에게 거짓말을 했는가? 그렇다면 그에 대한 죄의식을 카트 안에 넉넉히 담아라. 혹시 다른 사람과 불화가 생겼는가? 그럼 그건 당신 탓이다. 스스로를 탓해라.

이제 '친밀한 관계' 구역으로 가보자. 여기서는 자신의 역할을 제대로 해내지 못하는 것 자체가 잘못이다. 남성이라면 달라이 라마의 자비롭고 다정한 마음, 로저 페더러Roger Federer의 열정, 제임스 본드의 자신감, 어니스트 헤밍웨이Ernest Hemingway의 남성성을 동시에 갖춰야 한다. 그럴 수 없다면? 부끄러워할지어다! 여성이라고 다를까. 아름답고, 똑똑하고, 활기차며, 자상해야 하고, 가정적이어야 한다. 가끔은 남편이 가장 그리워하는 옛 연인도 되어야 한다. 아이들과 몇 시간 동안 그림을 그리거나, 빵을 굽거나, 축구를 하는 것이 늘 재미있지는 않은가? 자녀 중 유독 한 아이와 보내는 시간이 더 많고, 그 아이에게 더 정이 가는가? 그럴 줄 알았다! 그럼에도 아직 죄책감이 느껴지지 않는가? 그렇다면 당신의 부족한 죄의식에 양심의 가책을 느껴야 한다.

'공동체' 코너도 빼놓을 수 없다. 이웃을 위해 분명히 할 수 있는 일이 있었음에도 하지 않았음을 알게 될 것이다. 해마다 하는 동네 축제의 준비를 당신이 직접 할 수도 있었지 않은가?

자, 이쪽은 '환경' 코너다. 자동차를 소유하고 있는가? 비행기를 타고 휴가를 떠나는가? 비닐 랩으로 포장된 고기를 구입하는가? 게다가 고기를 즐겨 먹는가? 겨울철에 샐러드를 즐기는가? 여름에 오렌지를 먹는가? 이 코너에는 XXL 크기의 죄책감이 즐비하다. 자비란 없다. 당신이 지금 숨 쉬고 있다는 그 사실만으로도 지구에 해롭다. 당신이 내뿜는 이산화탄소 덕에 개별 탄소 중립 목표를 달성하지 못하고 있다. 방귀를 뀔 때마다 메탄을 배출한다는 그 사실만으로도 당신은 땅속으로 꺼지고 싶을 만큼 부끄러워해야 한다. 아, 그리고 그 모든 죄의 근원인 나의 '탄생'도 잊지 말자. 종종 자신의 원죄를 잊어버리는 자신의 양심에 손을 얹자.

장보기 목록을 모두 체크했는가? 그러면 이제 결제 전에 남은 하나는 집단적 죄책감이다. 아우슈비츠를 비롯해 노예무역과 마녀사냥, 그 밖에 조상들이 저지른 모든 일을 생각해 보자. 참담한 인생을 원하는 당신을 위한 나의 조언은 다음과 같다. 세상의 현 상황에 대해 막중한 책임감을 느끼자!

이성의 조용한 목소리

우리는 어린 시절부터 크고 작은 갈등 속에 살며, 자라면서 그 그물망은 점점 더 조밀해진다. 어쩌면 당신은 언젠가는 이 모든 혼란이 해결되리라는 희망을 품고 있을지도 모른다. 당신을 밀어내고, 실망시키고, 기만하고, 배신한 사람들이 당신에게 용서를 구할 거라는 희망. 그렇게 다시 서로를 끌어안으며 화해하고 모든 것이 도로 좋아질 것이라는 희망. 이 얼마나 아름다운 생각인가. 하지만 현실은 그렇게 녹록지 않다. 이언 매큐언은 이렇게 말했다. "종결Closure이라는 단어는 영어에서 가장 끔찍하고 기만적인 단어 중 하나다."

다들 알다시피 종결은 오랜된 삶이나 나쁜 경험을 끝낸다는 의미로 사용된다. 영화와 소설 속에서는 이러한 '종결'이 종종 연출되지만, 우리의 현실에서는 그렇지 않다. 우리는 자신의 상태를 결코 끝낼 수 없다. 상처는 남고, 그렇게 우리는 상처를 안은 채로 평생을 살아간다. 인생은 다시 '깨끗해'질 수 없다. 이를 순순히 받아들이자. 우리는 태어났을 때가 가장 깨끗하고 순수하다.

날마다 손을 뻗쳐오는 '내 탓이오'의 유혹에서 벗어나고 싶다면, 과학자 리처드 파인만과 수학자 존 폰 노이만John von Neumann처럼 살아보자. 파인만은 말했다. "폰 노이만은 내게 흥미로운 사상을 심어주었다. 우리가 몸담고 있는 이 세계에 대해 우리는 책임이 없다는 것이다. 그의 조언 덕분에 나는 아주 강한 사회적 무책임감을 갖게 되었다. 이런 자세를 가지니 전보다 훨씬 행복해졌다."

사회적 무책임이라니, 거만하게 들리는가? 그런데 온 세상의 책임을 다 짊어지는 것이야말로 과대망상이 아닐까? 그렇게 한 사람도 분명 있다. 바로 예수다. 그런데 우리는 예수가 아니다. 모든 책임을 다 끌어안지 않아도 된다. 아이러니하게도, 무책임은 겸손과도 맞닿아 있다. 보다 더 겸손해지자. 그리고 죄책감의 늪에서 당장 빠져나오자.

23
은덕을 모르는
사람이 되어라

어느 날인가, 런던으로 가려고 취리히 공항에 왔는데 비행기가 지연되었다. 처음엔 20분이라고 하더니, 그다음엔 40분으로 늘어났다. 탑승객으로 북적이는 공항 터미널에선 내내 웅성거리는 소리가 들렸다. 탑승구 앞 의자에 나와 나란히 앉아 있던 한 남성은 화를 내며 외쳤다. "이게 말이 돼? 어떻게 이럴 수가 있어!"

마침내 모든 승객이 비행기에 탑승하고 나니 또 안내 방송이 흘러나왔다. "우리 비행기는 항로 혼잡으로 인해 30분 정도 출발이 지연될 예정입니다. 승객 여러분께 불편을 끼쳐드려 대단히 죄송합니다." 대부분의 탑승객들은 기껏해야 안전벨트를 다시 풀며 한숨만 내쉬었지만, 아까 탑승구 근처의 남성은 끝내 폭발하고 말았다. "이런 젠장, 내가 두 번 다시 스위스 항공을 타나 봐라! 고문실이 따로 없네!" 그의 몸짓은 너무나 거칠어서 맨 뒷줄의 승객들도 고개를 빼고 쳐다보았다. 결국 승무원이 다가와 그를 진정시켜야 했다.

나는 흥미로운 연구 대상처럼 그 남자를 유심히 지켜보았다. 그러다 문득 깨달았다. 불행한 삶을 원하는 이에게 이보다 더 명확한 교본이 또 있을까? 그는 취리히에서 런던까지 날아가는 동안 내내 꼼짝없이 앉아 있었다. 불과 몇 세대 전만 해도 유럽의 이쪽에서 바다를 건너 영국으로 간다는 건 고문과도 같았을 것이다. 지도도 없이, 한 달이 넘도록 악천후에 노출된 채 오로지 두 발로 걸어야 하는 탓에 신발은 찢어지고 헤진 외투 속으로는 바람이 들어왔을 것이다. 땀에 푹 절은 속옷을 어쩌지도 못하고, 쥐와 벼룩이 가득한 여관에서 밤을 보내고, 때로는 노상강도도 만났을 터다. 오늘날에는 편한 좌석에 앉아 잠시 기다리면 되는데도 그는 세상이 망할 것처럼 굴고 있었다.

세상만사를 불편하게 여기고 싶다면, 이 남자처럼 살면 된다. 일이 조금만 어긋나도 있는 대로 짜증을 내자! 편안함이 낙원과 같은 100퍼센트 수준에 이를 때까지 불편한 심기를 계속 유지하자. 누군가 선물을 주었다면 고맙다는 말 대신 이렇게 말하자. "더 나은 걸 고를 수도 있었을 텐데." 부모가 레드 카펫을 깔아주지 않았다면 원망을 하자. 혹시 깔아주었더라도 여기저기 주름졌다고 투덜대자. 지금 이 나라에서, 이 시기에, 이 조건으로 태어난 것에 감사하지 말자. 온 우주가 나의 탄생을 준비해도 모자랄 판에 그렇지 못했다. 물론 건강하고 똑똑하긴 하다. 다만 내가 조지 클루니도, 샤를리즈 테론도 아니란 게 문제다. 이 얼굴로는 세상에 고마워할 이유가 없다. 잘못 흘러가는 세상일에 집중하자. 잘 돌아가는 건 언급할 가치조차 없다.

이성의 조용한 목소리

우리는 자전거를 탈 때 앞에서 부는 바람은 선명하게 느끼지만, 뒤에서 밀어주는 바람은 거의 인식하지 못한다. 미국의 심리학자 톰 길로비치Tom Gilovich와 샤이 다비다이Shai Davidai는 2016년 〈성격 및 사회 심리학 저널Journal of Personality and Social Psychology〉에 실린 논문에서 이를 '역풍과 순풍의 비대칭성'으로 설명했다. 즉 우리는 역풍을 맞으면 난관을 강하게 인식하지만, 순풍은 잘 느끼지 못할 뿐더러 자신의 재능과 노력을 먼저 떠올린다는 것이다.

어디 자전거 타는 일에만 그럴까. 이 역풍과 순풍의 비대칭성은 우리 삶 전체에 적용된다. 살다 보면 순조롭게 흘러가는 일보다 우리 앞을 가로막는 방해물과 걸림돌이 더 눈에 띄고, 이에 전전긍긍하게 된다. 작게라도 성가신 것들을 마주치면 우리는 화부터 난다. 우유 팩을 열 때 살짝 튀는 우유, 친구들의 크고 작은 단점, 줄줄이 이어지는 소프트웨어 업데이트, 복잡한 건강 보험 서류, 그리고 매번 지연되는 지하철까지.

그러면서 우리는 순풍은 무시한다. 사실 인생에서는 순풍이 더 강하게 불어오고, 우리는 더 자주 순풍을 맞이한다. 생각해 보자. 당신은 이미 기대 수명이 긴 시대에 살고 있고, 수세기에 걸쳐 축적된 지혜의 보고에 마음껏 접근할 수 있으며, 좋은 상품을 합리적인 가격에 구매할 수 있다. 표현의 자유가 보장된 나라에 살고 있으며, 그 자유를 얻기 위해 아무런 대가도 치르지 않았다. 그건 내가 아닌, 우리 조상들이 피땀 흘려 싸워 얻어낸 것이다. 우리는 이러한 사실을 종종 잊고 만다.

나는 자전거를 타고 출퇴근을 한다. 때로는 순풍을 맞고, 또 때로는 역풍을 맞으며 날마다 베른의 키르헨펠트 다리를 건넌다(참고로 이 다리는 필명 파스칼 메르시어Pascal Mercier로 잘 알려진 스위스 작가 페터 비에리Peter Bieri의 소설《리스본행 야간열차》의 배경이 되는 곳이다). 이 다리를 건널 때 내가 부담하는 비용은 얼마나 될까? 무료다! 나는 이를 위해 철근 하나 들어서 옮긴 적이 없지만, 과거의 세대가 나를 위해 애써주었다.

자전거도 그렇다. 수세기에 걸쳐 완벽한 탈것이 된 자전거를 우리는 별도의 로열티를 지불하지도 않고, 자유롭게 즐긴다. 자전거뿐일까, 알파벳과 볼펜, 커피 머신에 이르기까지 수많은 제품이 그렇다. 우리가 매일 사용하는 것의 99퍼센트는 어떠한 요구도 없이 사사로이 쓰도록 내버려둔다. 우리 몸도 마찬가지다. 이 책을 읽는 동안에도 병균을 잡아먹는 우리의 면역 체계는 오늘도 쉼 없이 작동하고 있다. 지칠 줄도 모르고 부지런히, 그것도 완전히 무료로.

생각해 보면 우리가 누리는 것 대부분은 우리에게 '선물처럼' 주어진 것이다. 풍경, 햇빛, 누군가의 다정함, 그리고 이 모든 것을 경험할 수 있는 시간과 능력까지. 언젠가 당신이 탄 비행기가 하늘 위에서 선회하며 초조하게 착륙을 기다리는 순간이 온다면, 부디 순풍을 떠올려 보자.

24
보상 체계를 따라라

좀 고생스럽더라도 상관없으니 더 많은 수입을 원하는가? 그렇다면 복잡하고 기묘한 보상 체계를 따라 살면 된다.

이해력보다는 암기력이 더 높이 평가되고 칭찬해 주는 학교에 다니자. 기자라면, 기사 클릭 수에 따라 돈을 주는 매체에 기사를 기고하자. 메인을 차지할 수 있게 객관적인 '사실'보다는 '화제성'을 더 중요하게 여기고 기사를 쓰자. 주식 중개인라면 고객들이 쉴 새 없이 주식을 사고팔게끔 유도하자. 거기서 안정적으로 떨어지는 수수료로 인해 주머니가 불어날 것이다. 의사라면 쓸데없이 복잡한 수술을 권하자. 병원의 수입이 크게 늘어날 것이다.

이렇게 보상이 유혹하는 곳이면 어디든 기웃거리며 그렇게 하겠다고 말해라. 결과적으로 아등바등하는 불행한 삶을 살게 될 것이다.

이성의 조용한 목소리

누군가 이해되지 않을 때, 그의 성격에서 원인을 찾으려고 하지 말자. 어린 시절을 파헤치지도 말고, 가족과 사이가 나쁜지를 분석하지도 말고, 지적 능력을 의심하지도 말자. 그 대신, 보상 체계를 따르는 사람인지, 그렇다면 어떤 보상 체계에 따라 움직이는지 살펴보자.

인간 행위의 90퍼센트는 이른바 인센티브 시스템으로 설명 가능하다. 찰리 멍거는 다음과 같이 말했다. "나에게 인센티브 시스템을 보여주면 그 결과를 알려주겠다." 대부분의 사람들은 보상이 크다고 하면 즉각 반응을 보인다. 그 보상이 꼭 정당하거나 이성적인 방식으로 짜이지 않더라도 말이다. 따라서 멍거는 '보상 및 처벌 과잉 반응 경향Reward and Punishment Super Response Tendency'을 먼저 이해해야 한다고 보았다. 인센티브 제도는 이론상으로 논리적이기는 하나 그걸 쫓는 사람에게는 잘못된 결과를 가져오기도 한다. 종종 바보 같은 행동으로 이어지기 때문이다.

상황에 따라 두 가지 측면에서 주의하기를 바란다. 첫 번째는, 어리석은 보상 체계를 만들어내는 사람이 되지 말 것. 두 번째는, 이런 체계의 희생자가 되지 말 것. 하나씩 차례대로 살펴보자. 먼저 첫 번째 측면이다.

당신이 변호사라면 의뢰인의 만족을 사고 싶을 것이다. 의

료인이라면 환자의 건강에, 은행원이라면 고객의 예금 금액에 관심을 가질 것이다. 하지만 결국 당신이 진정으로 크게 신경 쓰는 부분은 당신이 얻을 '개인 소득'이다. 더 많은 시간을 청구하는 것이 곧 수입 증가로 이어진다면 어떻겠는가? 당신 안에는 강력하고 유혹적인 동기가 자라게 된다. 변호사든, 의료인이든, 은행원이든 자신의 이익을 추구하다 보면 고객은 금전적 손해를 입을 수밖에 없고, 신뢰는 무너진다. 변호사가 자꾸 더 상담을 받으러 오라고 하면, 의사가 자꾸 병원에 더 오라고 하면, 당연히 의심스럽지 않겠는가? 믿을 수 없는 사람이라는 생각이 들면 그로 인한 후광 효과Halo effect 때문에 전문적인 역량마저 의심받고, 평판 자체가 내려간다. 결국 돈도 잃고 명성도 잃게 된다.

다른 예도 있다. 영업사원들은 대부분 자신이 올린 판매량에 따라 수수료를 받는다. 여기까지는 아무런 문제가 없다. 하지만 결산이 분기별로 이뤄지는 곳에서 정해진 수준의 매출을 뛰어 넘을 경우 판매 수수료의 요율을 더 높여준다고 하면 어떻게 될까? 생각보다 비생산적인 일이 일어난다. 이른바 '채널 스터핑Channel stuffing, 즉 밀어내기가 발생한다. 분기 말이 되면 매출을 올려야 한다는 압박에 영업사원들이 지나치게 물량을 내보내는 것이다. 할인율을 크게 해주는 식으로 말이다. 그런 식으로 밀어낸 제품이 후에 반품으로 다 되돌아온다면? 실제 수익은 마이너스가 될 수 있다.

학계 또한 기형적인 보상 체계로 돌아간다. 당신이 학자라면, 얼마나 많은 논문을 권위 있는 학술지에 발표하는지, 그리고 그 논문이 얼마나 자주 인용되는지에 따라 평가받고 경력을 인정받는다. 당신이 정말 뛰어난 학자라고 해도, 유튜브나 틱톡의 스타가 되는 길을 따라야 제대로 명성을 날릴 수 있다. 연구보다는 '논문 생산 기계'가 되는 데 당신의 소중한 시간을 쏟아부어야 한다. 아직 정식으로 연구자가 되기 전이라면, 몸담은 학계가 어떻게 돌아가는지 미리 알아두자. 아인슈타인과 닐스 보어Niels Bohr가 편지로 서로의 이론과 의견을 주고받고, 그를 바탕으로 연구 문서를 남겼던 시대는 이미 지나갔다는 사실을 인정해야 한다.

그러면 이제 두 번째 측면을 살펴보자. 여기서는 주식 중개인을 소환해 보자. 그는 가능한 한 많은 금융 상품을 가급적 높은 운용 수수료로 판매하려는 동기가 강한 사람이다. 그렇게 교육받았기 때문이다. 따라서 그는 당신이 가능한 한 자주 주식 거래를 하길 바란다. 거래를 할 때마다 수수료가 발생하기 때문이다. 이는 투자회사에도 주식 중개인에게도 좋은 일이다. 그런데 과연 고객인 당신에게도 그럴까? 그래서 주식 중개인을 믿어서는 안 된다. 그가 나쁜 사람이라서가 아니다. 그가 매여 있는 보상 체계가 당신의 이익에 반하기 때문이다.

보상 체계의 위험성을 알게 되면, 세상을 전혀 다른 방식으로 보고 살아갈 수 있을 것이다. 그러니 이 말을 기억해라. "미용사에게 머리를 다듬어야 할지 묻지 마라!" 미용사는 당신을 상대로 영업 중인 사람일 뿐이다. 괜히 낚이지 말고 소중한 헤어스타일뿐만 아니라 시간과 돈까지 모두 지켜라.

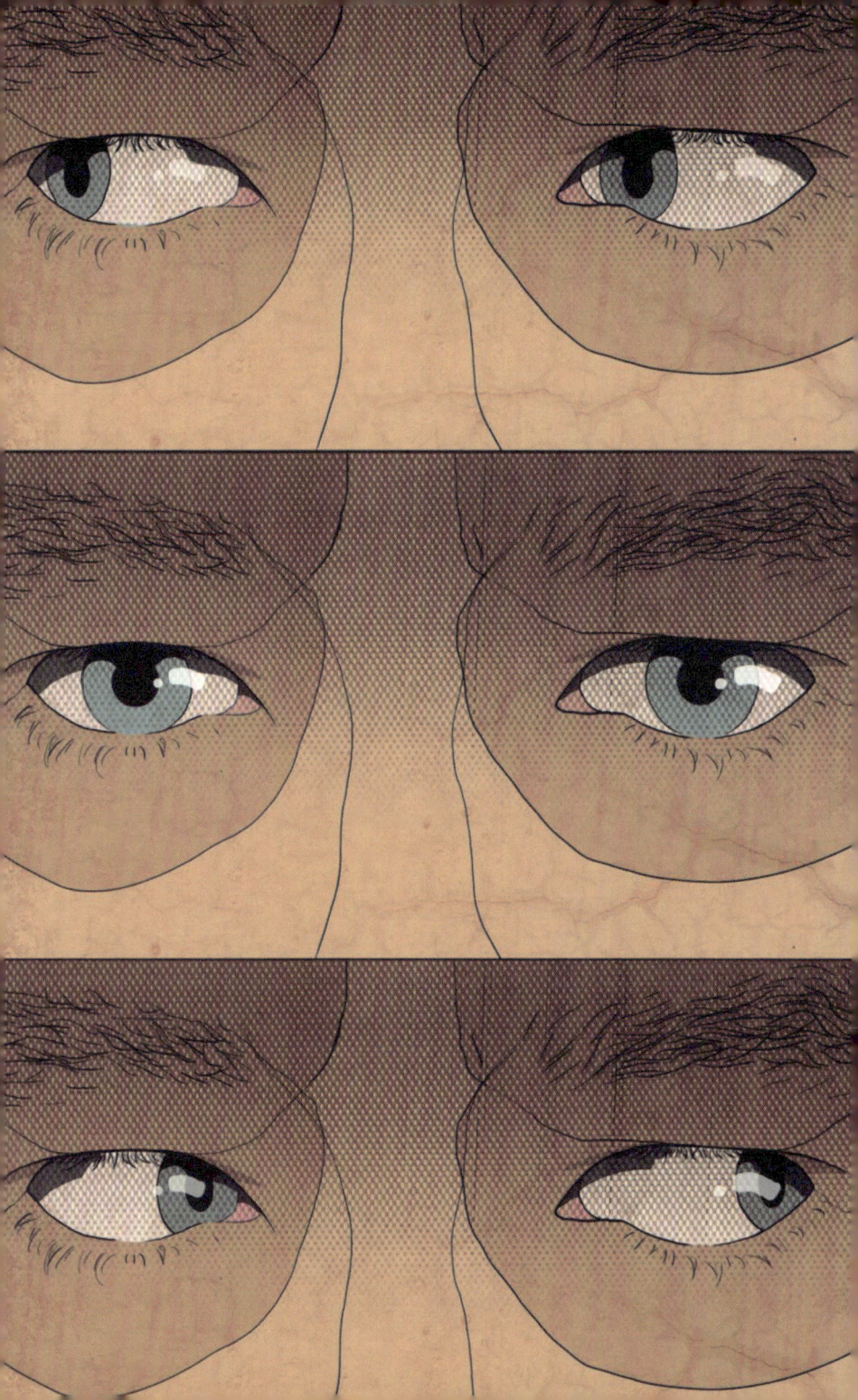

25
의심만이 살 길이다

 모두가 당신을 주시하고 있다. 모든 사람이 당신을 넘어뜨리려고 한다. 온 세상이 몰래 당신을 향해 음모를 꾸미고 있다.
 이 같은 생각을 습관처럼 되풀이하자. 어딜 가든 의심과 경계의 눈빛을 받게 될 것이다. 사방에서 속삭이는 소리가 들릴 것이다. 무언가 나쁜 일이 벌어지면, 그건 당신을 향해 치밀하게 계산된 음모라고 믿자. 바로 당신의 추락과 파멸과 몰락을 위한. 이제 당신은 불안과 스트레스에 잠식되어 어떤 생산적인 일도 할 수 없다.
 경력을 쌓는 일은 접자. 창의성은 먼 이야기다. 가벼움이나 명랑함은 당신을 약하게 만들지 모른다. 그런 당신을 두고 사람들은 편집증 환자라고 부르겠지만, 당신은 다만 경계를 늦추지 않은 것뿐이다. 사람들은 그것까진 모른다. 우정? 다 헛된 환상이다. 누군가 당신에게 친절하게 굴면, 분명히 뭔가를 노리고 있을 것이다. 옛 친구들이 보여주던 순진한 눈빛은 잊

자. 이제 그 사람을 있는 모습 그대로 바라보자. 언제든 당신을 공격할 수 있는 한 마리의 야수로 말이다.

워런 버핏은 개인 비서를 포함해 단 20명으로 구성된 팀과 함께 약 40만 명이 일하는 거대 기업을 운영한다. 버핏은 '마땅한 신뢰로 이루어진 촘촘한 그물망'이 이상적인 리더십이라고 말한다. 그런 체계라면 감시할 일도, 감독할 일도, 통제할 일도 줄어든다.

하지만 당신은 그리 순진하지 않다. 세상에 100퍼센트 신뢰 같은 게 어디 있는가? 10퍼센트도 믿기 어렵다. 당신이 관리자라면 선택지는 간단하다. 세세한 감독, 세세한 관리. 아니면 몰락뿐이다. 사적인 관계에서도 마찬가지다. 결혼 계약서는 최소 50쪽 이상이어야 한다. 그렇지 않으면 결혼하지 않는 게 낫다. 아이들은 에어태그나 애플 워치 같은 추적 장치 없이는 절대 집 밖으로 내보내서는 안 된다.

신뢰는 동이고, 주의는 은이며, 불신은 금이다. 이 같은 삶의 태도는 모든 즐거움과 가벼움을 앗아가겠지만, 그 대신 당신을 현실에 단단히 붙들어 놓을 것이다. 언젠가 상쾌한 바람이 당신 인생에 속삭이듯 불어올지도 모른다. 하지만 그 순간조차 절대 믿지 말자. 저 뒤에서 폭풍우가 도사리고 있을 테니까.

이성의 조용한 목소리

예상치 못한 상황에서 누군가를 의심하는 건 지극히 이성적인 반응이다. 예를 들어, 은행원이 당신에게 새로 출시된 구조화 상품(ELS 같은 여러 금융상품을 조합한 것)을 권한다면 어떤 마음이 들겠는가? 그것도 제법 관리 수수료가 높은 상품이라면? 또는 어떤 아프리카 왕이 당신에게 유산을 상속하겠다는 이메일을 보냈다면 어떤 생각이 들겠는가? 자연히 의심스러울 것이다. 이런 경우, 의심은 합리적이다.

누군가 모순되는 이야기를 늘어놓는다면, 의심하는 마음부터 드는 것도 당연하다. 앞뒤 말이 맞지 않는다면, 사실이라고 하기엔 너무 그럴듯하다면, 금전적인 결정을 빨리 내리라고 재촉한다면, 잘 아는 사람이 특별한 이유 없이 갑작스러운 행동 변화를 보인다면, 저절로 고개가 갸웃거려진다. 이런 건강한 불신은 괜찮다. 위험한 함정에 빠지지 않도록 당신을 지켜준다.

하지만 불신이 부작용을 낳는 순간도 있다. 첫 번째는, 긴 시간 동안 아무 문제 없이 지속된 관계임에도 끝내 신뢰가 생기지 않는 경우다. 예컨대 10년 동안 아무 탈 없이 살아온 배우자의 이메일을 몰래 열어보고 싶은 충동이 든다면, 분명 어딘가 잘못된 것이다.

두 번째는, 불신이 망상으로 비화하는 경우다. 이른바 편집증이라고 하는, 현실과 무관한 비합리적인 믿음에 사로잡힌 상태. 이를테면, 아무런 근거 없이 이웃이 몇 년 전부터 당신 정원에 도청기를 숨겨두었다고 확신하는 것 같은. 물론 누구나 한두 번쯤은 터무니없는 상상을 할 수 있다. 문제는, 그런 생각이 자주 반복될 때다. 편집증은 삶의 기쁨도, 인간관계도, 집중력도 앗아간다. 그런 생각을 유지하는 데 드는 에너지가 상상 이상으로 크다. 따라서 편집증은 '하지 말아야 할 일 목록'에 반드시 넣어야 한다.

이런 극단적인 불신을 잘 다스리려면 어떻게 해야 할까? 첫째, 세상을 객관적으로 바라보자. 때로는 친구의 도움을 받아도 좋다. 온 세상이 정말로 당신을 향해 음모를 꾸미고 있다면, 그 증거가 과연 있는가? 빈 종이를 한 장 꺼내, 지금까지의 '정황'을 적어보자. 내가 보장컨대, 당신이 정말로 객관적이라면 그 종이는 끝내 빈 채로 남을 것이다.

둘째, 내 생각만큼 내가 중요한 존재는 아닐지도 모른다고 생각해 보자. 대부분의 사람들은 당신을 함정에 빠뜨릴 만큼 한가하지 않다. 그럴 시간에 다른 일들로 바쁠 공산이 크다.

셋째, 이성만으로 해결되지 않는다면 도움을 요청하자. 심리적 불안과 망상이 일상생활을 방해할 정도라면 의사를 찾는 게 옳다. 적절한 진정제는 비교적 쉽게 처방받을 수 있고, 효과도 좋다. 물론 당신은 의사의 실험용 토끼가 아니다.

26
다른 사람을
이해하지 마라

다른 사람에게 신경을 쓰는가? 그 관심은 자신을 위해 아껴두자. 남의 기쁨과 슬픔에 공감하는 척하지 말자. 다른 사람의 말은 그저 듣기만 하자. 굳이 들어야 한다면 말이다. 그리고 가능한 한 빨리 상대가 당신에게 별 의미 없는 존재임을 느끼게 해주자.

이름도 기억하지 말자. 나 자신을 잘 아는 것만으로도, 스스로를 온 세상에 내보이고 다니는 것만으로도 충분하다. 타인의 이름은 당신의 뇌 용량만 잡아먹는 데이터일 뿐이다. 어차피 그 이름, 어릴 적 세례명과 다를 수도 있고, 더는 쓰지도 않는 옛 별명일 수도 있다. 그런 건 공무원에게나 맡기자.

누군가 무거운 얘기를 가지고 다가오면 "괜찮아질 거야", "너무 예민하게 굴지 마", "그렇게 나쁘지는 않네"와 같은 말로 가볍게 쓸어 넘기자. 이왕이면 살짝 미소까지 곁들여 주자. 그러면 상대가 내가 너무 선 넘게 기대했나 싶어 조용히 물러

날 것이다. "살면서 다들 겪는 일인걸"이라고 하면서 진실을 말해주는 것도 괜찮다.

타인의 감정을 진지하게 받아들이지 않는 것은 나를 지키는 일종의 방화벽이다. 감정 이입은 이 벽에 금이 가게 만든다. 그러면 어느 날 갑자기 타인의 인생을 등에 지고 서 있는 듯한 불편한 기분을 느끼게 된다. 하지만 생각해 보라. 다른 사람의 감정을 진지하게 여기라고 누가 당신에게 돈이라도 쥐어줬던가? 따라서 그럴 필요까지는 없다. 그런 일은 심리학자에게 맡기자. 그러라고 높은 비용을 받는 것이다.

이제 더 멀리 나아가자. 타인의 감정뿐만 아니라 사고방식과 견해, 생각까지도 철저히 무시하자. 가령, 누군가 당신과는 다른 의견을 냈다고 하자. 혹시 그가 옳을지도 모른다는 생각이 스치면, 당신은 자신의 관점을 바꿔야 한다! 그러나 당신은 그러지 않을 것이다. 세상이 당신을 중심으로 돌아간다고 생각하니까 말이다. 불행한 인생 살기 달인들이 바로 그렇게 생각하듯이.

당신을 제외한 나머지는 모두 신경 꺼도 된다. 물론 필요한 경우에는 관심 있는 척 굴 수도 있다. 예를 들어, 당신 앞에 앉아 있는 상대에게 아침으로 무얼 먹었는지 묻는 것이다. 이름을 물어도 괜찮다. 뒤돌아서는 바로 잊어버리겠지만. 그것만으로도 관심이 있는 척을 충분히 할 수 있다.

이성의 조용한 목소리

미국의 작가이자 자기계발의 아버지인 스티븐 코비Stephen Covey는 그 유명한 자기계발의 고전《성공하는 사람들의 7가지 습관》에서 이런 말을 남겼다. "먼저 이해하고, 그다음에 이해시켜라." 그런데 여기서 말하는 '이해'는 그저 듣는 것, 즉 일반적인 경청으로는 부족하다. 코비는 한 단계 더 높은 수준의 경청을 말한다. 그는 이를 '공감적 경청Empathic Listening'이라고 칭했다.

공감적 경청이란 다른 사람의 생각을 마치 내 생각처럼 진지하게 이해하고, 그 사람의 감정에 온전히 이입해 보려는 태도다. 대부분의 사람들은 남의 말을 끝까지 듣지 않는다. 더 정확히 말하면, 자기가 듣고 싶은 부분만 듣는다. 그런데 공감적 경청을 하려면 듣는 사람의 입장이 되어 완전히 몰입해야 한다. 휴대폰을 만지작거리지도 않고, 말을 중간에 끊고 화제를 전환하지도 않고, 어떠한 편견도 없이 말이다.

공감적 경청의 이점은 분명하다. 첫째, 상대와 신뢰를 쌓을 수 있다. 따라서 상대는 당신의 이야기에 더욱 열린 마음으로 귀를 기울이게 된다. 둘째, 상대의 동기를 억측하지 않아도 된다. 시간이 지나면 상대가 먼저 스스로 말해줄 것이다. 셋째, 다양한 관점으로 인해 문제를 더 잘 해결할 수 있다.

물론 모두가 이런 경청을 할 수 있는 것은 아니다. 대다수의 사람이 행간을 읽고 중요한 내용을 파악하면서 의사소통을 한다. 다시 말해, 상대가 말한 것을 곧이곧대로 받아들이지 않으려면 최소한의 인생 경험이 필요하다는 뜻이다. 게다가 너무 감정적이어서도 안 된다. 그러면 상대의 말을 객관적으로 들을 수가 없다.

자폐 스펙트럼 장애가 있는 사람들은 이야기에서 암시를 해석하고, 그 맥락을 읽는 데 매우 큰 어려움을 겪는다. 영화 〈이미테이션 게임〉이 이를 잘 보여준다. 이 영화는 실존 인물인 세기의 과학자이자 수학자인, 자폐 스펙트럼 장애가 있는 앨런 튜링Alan Turing의 이야기를 다룬다. 튜링 같은 사람들은 입으로 전달되는 말이 아니라 사실을 담은 문서 형태를 더 좋아할지 모른다. 세상 사람들이 이와 같은 방식으로 의사소통을 한다면 훨씬 더 효과적일뿐더러 오해의 소지가 더 줄어들지 않을까?

하지만 굳이 그럴 필요까진 없어 보인다. 우리는 모두 '적극적 경청Active Listening'을 할 수 있으니까 말이다. 적극적 경청은 나와 다른 타인의 관점에 열정을 갖고 이해하려는 태도다. 심리학자들은 오랫동안 적극적 경청이 훈련으로 기를 수 있는 능력임을 증명해 왔다. 음악이나 명화를 감상하는 법을 배우는 것처럼 듣는 법도 학습할 수 있다는 것이다.

결국 이 모든 것은 '4M 법칙'으로 귀결된다. 4M 법칙은 스위스의 전 연방의원 아돌프 오기Adolf Ogi가 인생의 좌우명처럼 남긴 말에서 비롯된 것으로, 그 말은 이렇다. "사람은 사람을 좋아해야 한다 Man muss Menschen mögen."

27
과거에 머물러라

 이제 오십 대 후반에 접어든 토마스. 그는 한때 2부 리그에서 뛰던 축구 선수였다. 20대 시절, 그는 소속 팀의 스타로 팀의 승리를 이끌곤 했다. 수많은 승리가 그의 발로 이루어졌다. 토마스의 고향에서 그는 곧 축구 그 자체였다. 그의 이름을 모르는 사람은 거의 없었다. 그 어느 때보다 자신이 가장 살아 있다고 느끼던 시절, 누구나 아는 자기는 없어서는 안 될 중요한 사람이라고 느끼던 시절이었다. 하지만 시간이 흐르면서 그의 인생은 예기치 못한 방향으로 흘러갔다.
 토마스는 여전히 자신의 찬란했던 20대 시절을 잊지 못한다. 그의 집은 과거의 영광을 기리는 사당과도 같다. 옛 트로피와 선수 시절의 사진, 과거 신문 기사 스크랩이 집 안에 전시되어 있다. 오랜 친구들과 만나면 대화 주제는 언제나 그 시절로 돌아간다. 모두가 장난스럽게 그를 '마라토마스Marathomas'라고 부르는데, 짐작하겠지만 아르헨티나의 전설적인 축구 선수 디

에고 마라도나Diego Maradona의 이름을 딴 별명이다.

10년 전, 토마스는 지역 U-14 축구팀 코치직을 제안받았다. 축구에 대한 열정을 다시 발휘할 수 있는 기회였지만, 그는 거절했다. 아이들을 가르치는 일은, 자기 수준에 맞지 않았을뿐더러 과거의 영광을 희미하게 한다고 느껴져서다. 그렇게 토마스는 자신의 과거에 너무 깊이 빠진 나머지 현재를 살지 않는다.

현재의 인생을 놓치고 싶은가? 그렇다면 토마스처럼 살면 된다. 과거에 머무르면 된다. 과거는 익숙하고 안전하다. 기쁨이든 슬픔이든, 결과를 알 수 있어 편하다. 그 시절을 계속 되감기를 하며 들여다보자. 괴로운 걸 좋아한다면 나쁜 기억을 끄집어내 되새김하는 것도 괜찮다. 떠난 사랑, 놓친 기회, 다 자란 아이들의 어린 시절을 자꾸 불러내며 아쉬워하자. 그렇게 과거가 당신을 통째로 점령한 탓에 현재의 불꽃은 단 1초도 살아 있지 않을 것이다. 그렇게 당신은 콘크리트와 같은 단단한 자신의 과거 속에 묻히게 된다.

이성의 조용한 목소리

살면서 우리는 과거에 얼마나 많은 시간을 들여야 할까? 가능한 한 적게 들이는 것이 좋다. 대신 과거를 자원으로 활용하

자. 과거로부터 배울 수 있는 것은 배우고, 필요 없는 환상은 떨쳐내자. 그래야 비로소 우리는 지금을 생생히 살고, 미래로도 담대히 나아갈 수 있다.

과거의 교훈을 기록해 두자. 수첩 한 귀퉁이에라도 적어놓고, 때때로 꺼내 읽자. 그렇게 해야 마음 편히, 양심에 거리낌 없이 과거를 묻을 수 있다. 인생의 암울한 시절을 계속 되새겨 봤자 그 어둠은 점점 더 짙어질 것이다. 그렇다면 아름다웠던 시절은? 이는 좋아하는 음악과도 같다. 들으면서 기분이 잠시 좋아질지는 몰라도, 그로 인해 인생이 달라지지는 않는다.

내가 아는 진짜로 성공한 사람들 가운데 과거에 기대 사는 이는 단 한 명도 없다. 이들은 과거에 정신적 에너지를 거의 쓰지 않는다. 과거에서 유용한 교훈을 얻은 후에는 바로 고개를 돌려 미래를 본다. 어제 배운 것 중 오늘 쓸 게 없으면, 그건 더 이상 들여다볼 필요도 없는 것이다.

스토아 철학자들도 같은 이야기를 했다. 세상에는 우리가 통제할 수 있는 것과 없는 것이 있다. 과거는 두말할 것도 없이 후자에 속한다. 과거는 바꿀 수 없다. 그냥 받아들이자. 거기에 매달려 전전긍긍하는 것은 시간 낭비고, 의미 없다. 가능하면 빠르게 일찍 단념하자. 과거를 '직시'하기 위해 5년 넘게 상담심리사에게 의존하고 있다면, 지금 뭔가 잘못하고 있는 것이다.

물론 이게 쉽지만은 않은 일이다. 우리 모두에게 과거는 위안이자 족쇄다. 더구나 국가 전체가 역사에 발목 잡힌 경우도 흔하다. 많은 정치인이 국민에게 정체성을 부여하기 위해, 자신의 권력을 정당화하기 위해, 영광스러웠던(혹은 실제로는 존재하지 않았던) 과거를 끊임없이 호출한다. 이건 위험한 일이다. 역사 왜곡으로 이어지고, 정치적 보복주의를 낳으며, 어리석은 결정을 반복하게 만든다. 러시아를 한번 보자. 반대로 대만처럼 건국 신화가 없거나, 스위스처럼 전설 대부분이 동화 같은 허구임을 알고 있는 나라들은 조금 더 자유로우며, 보다 이성적인 행보를 보인다.

  나는 한때 스위스 항공에서 일했다. 대학 졸업 후 첫 직장이었다. 세계 곳곳에서 '우리' 회사 비행기를 볼 때마다 얼마나 자랑스럽던지! 하지만 회사는 2001년에 파산했고, 몇 달 동안 나는 이 영광스러운 시절을 떠올리며 슬퍼했다. 한 옛 동료가 내게 이렇게 말하기 전까지. "이제 그만 좀 해요. 인생은 뒤에서가 아니라 앞에서 일어난다고요!" 이후로 원칙을 하나 세워, 과거를 아쉬워하는 나를 자각할 때마다 그 원칙을 적용한다. 과거 생각은 30초를 넘기지 말 것. 그렇게 스스로를 단련했고, 지금은 과거의 향수에 잠길 때면 즉각 알레르기 반응이 일어난다.

28
내면의 목소리를 따라라

진정한 자기 자신을 찾고 있는가? 어느 방향으로 가야 할지 알고 싶은가? 답은 간단하다. 당신의 내면에 귀를 기울이면 된다. 내면 가장 깊은 곳에 당신의 정체성에 관한 비밀이 숨어 있다. 바로 그 유명한 '내면의 목소리' 말이다. 주어진 시간으로 무엇을 해야 할지 모르겠는가? 인생이, 인간관계가 막막한가? 직장 생활을 어떻게 해야 할지 걱정되는가? 걱정할 필요 없다. 내면의 목소리가 알려줄 테니 말이다.

  내면의 목소리가 어떤 말을 하든 항상 철석같이 믿자. 조언과 영감을 달라고 요청하면 그 목소리는 기꺼이 응답해줄 것이며, 잠시라도 생각에 잠기는 모든 순간을 빈틈없이 채워줄 것이다. 걱정, 근심, 불안, 두려움, 경고, 소망, 추억, 해야 할 일, 우연히 들은 한 마디, 과거의 부끄러운 기억, 일어난 일들과 아직 일어나지 않은 일들로 말이다. 내면의 목소리는 실시간으로 재생되는 나만의 유튜브 추천 목록 같은 것이다. 지금의 기분에, 지금의 혼란에 언제나 딱 맞는 말을, 너무도 자연스럽게 속삭여 준다. 마치 나침반처럼. 단, 그 나침반은 당신을 참담한 인생 쪽으로 안내한다.

정말 잘못된 인생을 살고 싶다면, 수많은 일에 손을 대고 하나도 끝맺지 말아야 한다. 그러면 내면의 목소리가 제 역할을 다할 것이다. 주제를 이리저리 바꾸고, 어제의 결심을 오늘 뒤집고, 방금 결심한 일을 바로 다시 의심하게 만든다. 인생은 산만하게 갈지자를 그리며 흘러간다. 당신은 더 이상 한시도 지루하지 않을 것이다. 내면의 목소리가 하루 24시간, 일주일 내내, 쉴 새 없이 수다를 떨 테니까. 주의 깊게 귀담아듣고 절대 의문이나 이의는 제기하지 말자. 그렇게 끊임없이 떠든다는 건 뭔가 아는 게 많다는 뜻이니!

이성의 조용한 목소리

인간은 하루에 약 10만 가지의 생각을 한다고 한다. 자는 시간을 빼면, 매초 약 두 개꼴이다. 직접 관찰해 보면 쉽게 수긍이 갈 것이다. 그런데 이 중 의도한 생각은 극히 드물다. 독창적인 생각은 더 없으며, 정말 중요한 생각은 거의 없다. 실타래처럼 뒤엉킨 이 생각 덩어리를 우리는 간단하게 '내면의 목소리'라고 부르지만, 사실상 끓어오르다 순식간에 식어버리는 생각의 파편들이라고 할 수 있다. 잠깐 빛났다 사라지는 정제되지 않은 단상들. 이 혼돈 속에서 방향을 찾는다는 건, 그 자체로 어리석은 일이다. 따라서 다음의 네 가지를 유의하자.

첫째, 내면의 목소리는 나 자신이 아니다. 우리는 그저 그 목소리의 청자일 뿐이다. 무시할지, 귀 기울일지는 우리가 선택할 수 있다. 대체로 무시하는 게 낫다. 그 목소리는 계속 문제를 제기하고, 끝없이 경고하며, 끊임없이 절대 잊어선 안 될 일이나 절대 일어나면 안 되는 일들을 소리 높여 알린다. 멜로 드라마 감독처럼 쉼 없이 과잉의 감정을 연출해 낸다.

둘째, 안타깝지만 이 내면의 목소리는 끌 수가 없다. 적어도 나는 그랬다. 어쩌면 이 책을 읽는 당신은 가능할지도 모르겠다. 명상을 하며 모든 생각을 차단할 수 있다면 말이다. 하지만 아무리 명상의 달인이라고 해도 하루 24시간 내내 명상만 할 수는 없다. 명상으로 찾은 내면의 평온이 사라지자마자 다시 혼돈의 잡음이 몰려온다. 그러니 전략을 바꾸자.

방법은 의외로 간단하다. 머릿속에서 계속 떠오르는 중요한 몇몇 메시지는 수첩이나 달력, 할 일 목록에 적어두는 것이다. 나는 아이폰에 음성 메모 단축 명령을 설정해 두었다. 오른쪽 버튼만 누르면, 내가 말하는 내용이 자동으로 할 일 목록에 저장된다. 앱을 열 필요도, 자판을 두드릴 필요도 없고, 양치질이나 요리하는 것을 멈출 필요도 없다. 그렇게 기록된 것들은 내 머릿속에서 서서히 퇴장하기 시작한다. 이미 중요한 생각을 따로 저장해 두어서 더 이상 내 머릿속에 남아 있을 이유가 없기 때문이다. 일주일에 두 번 정도, 나는 그 목록을 다시 살핀다. 정리하고, 달력에 옮기고, 마감일을 붙이고, 곰곰이 되새긴 끝에 별로 중요하지 않다고 판단된 항목은 과감히 지운다. 그렇게 생각의 체증을 뚫어낸다. 끝없이 반복되는 생각의 고리를 끊어내자.

셋째, 내면의 목소리는 놀랍게도 현실과는 거의 상관없다. 우리에게 스트레스를 안기는 건 대개 현실의 문제가 아니라 우리의 생각이다. 바깥 세계에 머무르자. 실질적인 문제를 붙들고 씨름하자. 실질적인 움직임이 방향을 보여준다. 손에 잡히는 과업과 장기적인 목표에 집중하자. 그러면 나아가야 할 방향이 뚜렷이 보일 것이다.

넷째, 삶의 전체적인 방향을 결정할 때 굳이 내면의 목소리에 귀 기울 필요 없다. 차라리 눈에 보이고 손에 잡히는 재능과 능력을 확인하자. 내가 정말 잘하는 일은 무엇인가? 바로 그 일에 집중하자. 한창 샤워 중에 그 목소리가 문득 "너는 가수가 되어야 해!"라고 속삭였다고 해보자. 그런데 내가 실제로는 노래보다 계산을 더 잘한다면? 가수가 아니라 회계사나 통계학자가 되는 게 맞다. 세상은 실력 없는 가수보다 수치를 잘 읽는 계산에 능통한 인재를 더 필요로 한다.

29
인간은 합리적이라는 믿음

벽에 대고 말하거나 벽에 머리를 들이받는 걸 좋아한다면, 주변 사람들이 이성적이라는 확신을 가지자. 연인이나 배우자, 직원이나 상사, 고객이나 이웃에게 명명백백한 논거를 제시하며 자기 쪽으로 끌어들이려고 노력해 보자. 아마 순식간에 이성을 잃을지 모른다.

아내가 신발을 열일곱 켤레째 사려고 한다. 이를 막기 위해 설득한다고 생각해 보자. 당신이 아무리 충분한 근거를 마련했다 하더라도 아내는 귓등으로도 듣지 않을 것이다. 반대로 당신이 부인이라면, 300마력짜리 자동차가 필요하다는 남편의 말에 어떻게 구매를 저지할지 합리적 근거를 바탕으로 설득해 보자.

주식을 하고 있는가? 그렇다면 다른 투자자들도 당신만큼 이성적이라고, 주가는 언제나 기업 가치를 정확히 반영한다고 믿자. 아주 논리적이지 않은가? 저점 매수 타이밍을 놓칠 때마다 이를 당연하게 받아들이자. 언젠가 주식 시장이 다시 패닉에 빠진다면, 당신은 거품이 다 터지고 난 뒤에야 비로소 그걸 알아차릴 것이다.

당신이 정치인이라면, 그래서 선거에서 완벽히 패배하고 싶다면, 이렇게 믿어라. 유권자들이 당신의 뛰어난 아이디어와 부러운 지능 지수, 빈틈없는 논거를 보고 표를 던질 것이라고. 안타깝게도 그런 일은 절대 일어나지 않는다. 현실에선 당신보다 훨씬 못난 경쟁 후보가 승리한다. 벽보 속 따뜻한 미소 때문에, 진부한 구호 때문에, 지칠 줄 모르고 모두에게 해주는 악수 때문에, 그리고 아기에게 입맞춤을 해주었기 때문이다.

거래처와 계약을 갱신할 때 망치고 싶은가? 그렇다면 아주 진지하게 계약서의 내용을 들여다보며 조목조목 따져보자. 거래처 대표의 배우자나 자녀, 취미나 휴가 계획에 대한 질문은 단 하나도 건네지 말자.

가슴 아프게도 실패는 스스로를 이성적이라고 믿는 데서 시작된다. 내가 이성적이라는 착각은 끊임없이 자신을 과대평가하고, 자신의 아이디어를 맹목적으로 믿게 만든다. 이런 사실을 눈치채지 못하게 눈을 가린다. 그렇기에 우리는 일말의 불합리한 '이유'를 내세우며 불편하지만 중요한 문제는 밀어낸다.

이성의 조용한 목소리

경제학이란 학문은 오랫동안 '이성적 인간', 즉 '경제적 인간Homo economicus'이라는 이상적인 상像을 기반으로 해왔다. 인간은 언제나 합리적으로 생각하고, 자신의 번영을 극대화하고, 완벽한 정보를 바탕으로 빠른 의사결정을 내릴 것이라고 가정했다. 이 잘못된 가정은 경제학에서 한동안 악명을 떨친 쓸모없는 예측이 다수 쏟아지는 결과로 이어졌다.

1970년대에 들어서면서 이러한 가정을 재고하기 시작했고, 이후 이성에 반하는 행동 결과를 빈번히 목격하게 되었다. 이에 경제학은 인간 심리에 주목해 심리학으로 영역을 넓혔고, 심리학은 더 나은 방향으로 발전했다. 오랫동안 심리학은 검증되지 않은 주장들을 한데 묶은 집합체에 불과했으나 이제 경험적 과학으로 자리 잡게 되었다. 오늘날 우리는 직관적으로 이미 알고 있던 사실을 과학적 증명을 통해 확실히 알고 있다. 즉 인간이 이성적으로 행동하는 경우는 드물다는 사실 말이다. 다시 말해서, 사람들이 이성적으로 행동한다고 가정하면 우리는 끊임없이 벽에 부딪히게 될 것이다.

인간이 논리적 원리에 따라 행동하지 않는다고 해서 인간의 행동을 예측할 수 없다는 뜻은 아니다. 순수한 합리성을 기반으로 삼을 때보다 예측 규칙이 살짝 더 복잡할 뿐이다. 우리는 이 규칙의 대부분을 모국어처럼 자연스럽게 습득한다. 물론 모두가 그런 것은 아니다.

만약 당신이 인간에 대한 예민한 감수성을 타고나지 않았다면, 당신은 의식적으로 '인간 연구'를 심화 학습해야 한다. 사회생활을 시작했다면 사회심리학 교재를 읽어라. 읽는 데 4주가 걸릴 정도로 내용이 많지만, 다 읽고 났을 때 돌아오는 보상은 클 것이다. 무엇보다 다른 사람의 행동 양식과 동기에 대한 통찰을 얻게 된다. 이는 평생 동안 직업적으로든 개인적으로든 도움이 될 것이다. 또한 당신을 조종하려는 시도에 대한 일종의 심리적 방화벽도 구축하게 된다. 즉 광고에 덜 흔들리고, 거래처의 협상 전략도 일찍 눈치챌 수 있게 된다.

인간은 종종 변호사처럼 행동한다. 이미 입장은 정해져 있고, 그에 맞는 논거는 나중에 갖다 붙인다. 어쩌면 감정과 직감, 무의식이 먼저 결정을 내린다고 보는 편이 더 정확할지도 모른다.

이런 비합리적인 편향을 자각하고, 자신의 본능을 회의적으로 대해라. 당신을 포함해, 인간은 이성적이지 않다. 이 사실을 빨리 받아들일수록 다른 사람과 자기 자신을 더욱 잘 다룰 수 있고, 더 원만한 인간관계를 맺을 수 있다. 비합리성을 받아들이지 않는 것. 이야말로 비합리적이다.

30
허무주의자가 되어라

 10분 정도 조용한 시간을 가지며 우주의 무의미함에 대해 곰곰이 생각해 보자. 138억 년 전, 우주 대폭발인 빅뱅Big bang이 일어나면서 암흑 물질이 생겨났다. 중력이 이 물질을 끌어모아 별이 생성됐고, 별은 빛을 발했다. 별 주위에서 행성이 탄생했고, 그중 하나가 바로 지구였다.
 얼마 지나지 않아 지구에 생명이 출현했다. 수백만 종이 생겨났다가 사라졌다. 우리 역시 그중 하나다. 우리가 지금 무엇을 하든 100억 년 후에는 태양이 크게 팽창해 지구의 모든 생명체를 삼켜버릴 것이다. 운 좋게 우리가 태양계를 탈출한다고 해도, 언젠가 마지막 별이 꺼지고 우주는 영원히 어둠과 냉기로 가득 찰 것이다. 아주 먼 미래, 수조 년 후의 우주는 단지 방사능을 내뿜는 블랙홀과 진공뿐일 것이다. 어떤 식으로든 생명이 존재할 가능성은 하나도 없다.
 이러한 미래 전망이 너무 끔찍하게 들리는가? 하지만 우주의 관점에서 보면 아무런 상관도 없는 일이다. 당신이 무엇을 하든 아주 작은 흔적조차 남지 않을 것이다. 당신의 연애편지도, 휴가용 별장도, 당신이 모은 포르쉐도, 자녀와 손주도…. 그리고 당신의 희망과 생각마저. 모든 것이 사라지며, 모두 헛수고에 불과하다. 이것이 바로 진실이다. 따라서 빨리 허무주의자처럼 구는 것이 낫다. 그러면 모든 것을 할 필요도 없다. 허무주의자가 되면 오늘 당장 절망에 빠져들 테니까.

한때 다음과 같이 똑똑한 척 굴었던 사람들이 있었다. 장 폴 사르트르Jean Paul Sartre나 알베르 카뮈Albert Camus 같은 실존주의자들. 이들은 우주의 무의미함을 논하며 작은 데서 의미를 찾아야 한다고 주장했다. 우리가 유일하게 의미를 찾을 수 있는 건 개인행동에서뿐이라고 말이다. 그런데 우주가 무의미하다면, 우리의 행위는 대체 무슨 의미가 있을까? 기껏해야 지구라는 이름의 작은 행성 위에서 이뤄지는 보잘것없는 행위가 무슨 의미가 있단 말인가? 전체가 무의미한데. 이런 식의 선전 문구에 정말 속아 넘어가고 싶은가? 이들의 주장은 논리적이지 않다. 삶은 고유의 의미도, 목적도, 가치도 없다.

그래도 아직 확신이 부족한가? 그렇다면 당신이 수많은 생명을 구한 심장외과 의사라고 가정해 보자. 당신은 2,678명의 생명을 구한 자신이 자랑스럽다. 그런데 만약 당신이 없었다면? 다른 심장 전문의가 그 자리를 차지했을 것이고, 어쩌면 당신보다 훨씬 더 많은 생명을 구했을지도 모른다. 냉정하게 현실을 직시하자. 나를 포함해 우리는 다른 사람으로 대체 가능한 미미한 존재다. 당신이 없었더라면 당신의 배우자는 다른 인연을 맺었을 것이다. 그가 더 좋은 사람일 수도 있다. 그러니 아침마다 거울을 보며 이렇게 말하자. "나는, 전체적으로 봤을 때, 아무런 의미도 없다."

이성의 조용한 목소리

19세기까지만 해도 세 가지 '거대 서사'가 우리에게 의미를 부여했다. 신과 계몽주의와 공산주의. 그리고 처음으로 철학자 프리드리히 니체Friedrich Nietzsche가 이 '거대 서사'들의 붕괴를 예측했다. 서구의 대다수 사람들은 20세기 중반에 이르러서야 비로소 이러한 조짐을 똑똑히 느꼈다. 오늘날 미국인의 40퍼센트는 인생에 의미를 모르겠다고 말한다. 유럽 사람들도 별반 다르지 않을 것이다.

이 '인생 무의미함' 전염병에 어떻게 맞설 수 있을까? 길은 여러 갈래다. 자기 생에 의미 부여를 못하는 현실에 절망할 수도 있고, 허무주의자가 되어 우울증에 빠질 수도 있다. 아니면 삼류 기자들이 선호하는 냉소적 인간이 되는 길도 있다. 아니면 큰 의미를 찾는 건 포기하고 소박한 행복을 찾아다니거나. 이를테면 소비와 즐길거리를 통해서. 이 마지막 경로는 놀랍도록 효과가 있어서 많은 사람이 찾아든다.

나는 다른 길을 추천한다. 자신의 능력을 갈고닦아, 전문성을 쌓고, 그 안에서 대가가 되는 길이다. 당신이 무엇을 해도 우주적 관점에서 보면 여전히 무의미하지만, 당신이 부단히 갈고닦은 능력은 적어도 아직 존재하는 세상에 가치 있는 무언가를 제공한다. 즉 자기 자신과 다른 사람을 위해 가치를 창출하는 것이다. 이것이 바로 실존주의자들이 말한 '작은 의미'다. 큰 불꽃놀이까지는 아닐지라도 작은 불씨 하나쯤은 피우게 해줄 것이다.

이 작은 의미를 찾아내기 위해 아리스토텔레스나 퀴리 부인, 에디슨이나 아인슈타인이 될 필요까진 없다. 1962년, 존 F. 케네디 대통령이 미 항공우주국National Aeronautics and Space Administration, NASA을 방문했을 때 건물 관리인과 마주쳤다. 케네디 대통령은 건물 관리인에게 여기서 무슨 일을 하는지 물었다. 빗자루를 들고 있던 그는 이렇게 말했다. "사람을 달에 보내는 일을 돕고 있습니다."

31
늘 최악을 가정해라

 머리가 조금 아픈가? 분명 뇌종양일 것이다. 가슴이 약간 답답한가? 틀림없이 심장병일 것이다. 배우자가 전화를 받지 않는가? 딱 봐도 바람피우는 느낌이다. 아니면 교통사고를 당했거나. 이처럼 사소한 우려를 거대하게 부풀리는 재앙화는 당신을 신경 쇠약자로 만드는 아주 효과적인 방법이다. 이제부터 당신의 삶은 불안으로 가득하다.

 위험을 제대로 평가하려면 원래 '기저율Base rate'부터 따져봐야 한다. 특정 사건이 벌어질 확률을 나타내는 기본적인 통계 값 말이다. 오늘 당신이 24시간 안에 교통사고로 사망할 확률은 얼마나 될까? 스위스에서는 0.00002퍼센트에 불과하다. 당신의 배우자가 휴대폰을 무음으로 바꿔놨거나, 그냥 휴대폰을 물에 빠트렸거나, 아니면 통신망이 터졌을 확률은? 최소한 만 배는 더 높을 것이다. 하지만 누가 이런 계산을 하겠는가? 앞으로도 나쁜 일만 계속 생각하자!

친구가 차 모임 약속을 취소했는가? "이제 나랑 연을 끊을 건가 봐." 대학 상반기 학점에 F가 떴는가? "내 인생은 끝났어." 마감 시한을 놓쳤는가? "내 커리어는 이제 산산조각이야." 프레젠테이션 중 실수했는가? "앞으로 계속 웃음거리가 될 거야." 주식이 사흘 연속 하락 중인가? "집을 팔아야 되나?" 산사태로 알프스 소 한 마리가 다리를 다쳤다는 뉴스를 봤는가? "세계가 멸망하려나 봐!"

이성의 조용한 목소리

인간은 긍정적인 일보다 부정적인 일에 훨씬 더 강하게 반응한다. 왜 그럴까? 간단하다. 부정적인 것은 우리를 죽일 수도 있기 때문이다. 긍정적인 건 기껏해야 기분만 좋게 할 뿐이다. 먼 옛날, 수렵꾼과 채집인들 중에서도 분명 긍정적인 사람들이 있었을 것이다. 검치호랑이를 보고 웃으며 손을 흔들다가 유전자 풀에서 퇴장당한 이들 말이다. 살아남은 건 겁 많고, 걱정 많고, 의심 많은 자들이었다. 이들의 후예가 바로 우리다. 그 때문에 우리가 지금까지 존재하는 것이다.

미디어는 이 본능을 매우 영리하게 이용한다. 긍정적인 뉴스보다 부정적인 뉴스가 클릭을 더 잘 유도하고, 시청률을 올리고, 돈이 된다. 우리가 뉴스를 마냥 소비해서는 안 되는 이유가 바로 여기에 있다. 이런 현상을 '부정 편향Negativity bias'이라고 일컫는다. 따라서 뉴스의 80퍼센트가 나쁜 이야기다. 그래야 매출이 오르기 때문이다. 별로 놀랍지도 않다.

모든 인간의 감정적 동요가 그렇듯이 이쪽 아니면 저쪽으로, 극단으로 치닫는 수가 있다. 부정적인 신호를 곰곰이 따져보지 않는 사람은 불운한 일에 잘 휩쓸린다. 재정적인 문제든, 직업적인 문제든, 인간관계 문제든. 모든 부정적인 소식을 세상의 종말로 여기는 사람 또한 삶이 평탄치 못하다. 사소한 실수 하나로 '인생이 끝났다'고 하는 사람은 말할 것도 없다. 이 같은 침소봉대는 당연히 '하지 말아야 할 일 목록'에 넣어야 한다. 물론 나쁜 일은 일어난다. 하지만 대체로 좋은 일이 더 많이 일어난다. 덧붙이자면 재앙화는 편집증과는 다르다(25장 '의심만이 살 길이다' 참조). 편집증이 있는 사람은 도처에서 '누군가의 악의'를 본다. 하지만 모든 걸 재앙화하는 사람은 그냥 '최악의 시나리오'만을 가정할 뿐이다.

왜 재앙화가 불행한 삶으로 이어질까? 그건 소중한 두뇌의 능력을 낭비하기 때문이다. 정말 우리를 무너뜨리는 건 사건 자체가 아니라, 그것을 상상하며 소모하는 시간이다. 더욱이 재앙화는 결정을 너무 더디게 만든다. 모든 일이 너무 조심스러운 나머지 걱정되기 때문이다. 예를 들어, 당신의 수입을 100퍼센트 전부 저축 계좌에 넣어둔다고 해보자. 인플레이션을 감안하면 오히려 마이너스 수익이라서 손해다. 반면 조금이라도 머리를 써서 약간 수동적인 투자, 인덱스 펀드에 투자만 해도 연 10퍼센트의 수익을 올릴 수 있을 것이다. 그런데도 망설이는 것이다. 물론 투자 결정을 내렸다고 해도 재앙화를 잘하는 사람이라면 주의해야 한다. 하락세일 때마다 공포에 사로잡혀 주식을 팔아버릴 테니 말이다. 그러면 결국 돈을 잃게 된다.

 모든 것을 병적으로 재앙화하는 경향이 있는가? 그렇다면 바로 병원에 가기를 권한다. 분명 이유가 있을 것이며, 치료가 가능하다. 다행히 뇌종양은 아닐 가능성이 높으니 걱정은 하지 말자.

32
돈이 없으면 없는 대로

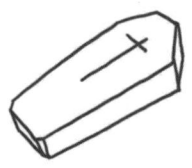

 불편하게 살고 싶다면, 더 나아가 불행하게 살고 싶다면 돈에 대해서는 생각하지 마라. 돈은 있다가도 없는 것이며, 통장 잔고를 걱정하는 사람은 인생의 본질을 이해하지 못한 것이다. 따라서 지금 당장 현금이 부족하더라도 걱정하지 말자. 수익률 0퍼센트 시대, 그냥 아무 생각 없이 수익률 곡선의 파도를 여유롭게 타면 된다. 역사 속 위대한 인물들과 많은 종교 창시자들도 하나같이 돈을 경멸했다. 그러니 외롭지 않다. 살아가는 동안은 물론이고 죽어서도 돈 걱정은 할 필요가 없다. 다들 알지 않는가, 천국에는 중앙은행이 없다는 것을. 정치에서도 돈은 늘 의심의 대상이다. 돈은 불의의 뿌리이며, 자본은 노동을 억압하고 소외시킨다. 한마디로 돈은 악마와도 같다.
 주변을 둘러봐도 비슷하다. 대부분의 친구들이 빈털터리일 것이다. 돈을 벌려는 생각 자체가 어리석고, 돈을 모으려는 노력은 구질구질해 보인다. 대신 가난은 쿨하다. 가난은 호감을

불러일으킨다. 가난한 당신은 신뢰해도 된다는 상징처럼 느껴진다. 그것이 당신을 특별한 존재로 만든다. 덕분에 당신은 꼼꼼히 통장 잔고를 따지는 사람들보다 더 우위에 서게 된다.

덧붙여 나는 희망이라는 이름의 도박을 권한다. 절실히 돈이 필요할 때면, 어디선가 떨어질 수도 있다. 하늘에서 비가 내리는 것처럼. 누가 알겠는가, 하루아침에 당신이 크게 성공할지. 어쩌면 버스 정류장에서 버스를 기다리다가, 스타벅스에서 커피를 내리다가 할리우드 감독에게 발탁될 수도 있다. 아니면 익명의 부자나 재단, 국가가 관대하게 당신을 구해줄지도 모른다.

"넉넉할 때 아껴야 해. 그래야 곤란한 일이 생기지 않지." 할머니에게 이런 말을 듣지 않았는가? 너무 뻔한 소리다! 아마도 천 년 전부터 할머니들은 이렇게 말했을 것이다.

이성의 조용한 목소리

나는 극작가 막스 프리쉬Max Frisch의 글에서 돈에 관한 가장 아름다운 구절을 찾았다. "나는 연인 잉게보르크와 돈에 대한 그녀의 태도를 생각한다. 한 줌의 지폐, 사례금을 받으면 그녀는 천진난만하게 기뻐하다가 내가 원하는 것이 있는지 묻는다. 돈은 쓰라고 있는 것이니까. 그녀는 돈을 노동의 대가가 아니라, 때때로 가난해지는 공작부인의 금고에서 나온 것처럼 쓴다. (…) 그녀의 돈, 나의 돈, 우리의 돈? 그녀는 돈이 있거나 없으면, 또는 충분하지 못하면 세상이 잘못된 양 당황스러워한다. (…) 그녀는 다리가 수십 개 달린 지네처럼 신발을 사들인다."

어쩌면 당신도 시인 잉게보르크 바흐만Ingeborg Bachmann에게 공감할지 모르겠다. 사실 나도 그렇다! 하지만 안타깝게도 그녀의 태도는 잘못되었다. 돈을 쓰라고 있는 게 아니라 저축하라고 있는 것이다. 저축이라는 형태만이 돈의 가장 중요한 효용을 말해준다. 바로 우리 마음의 평화. 저축은 우리를 경제적 재난으로부터 보호해 주는 일종의 방화벽이다. 무엇보다 우리에게 엄청난 자유를 선사한다. 그러니 자신에게 호의를 베풀고 조금 더 부유해지자.

'퍽유 머니Fuck-you money'란 말을 들어본 적 있는가? 다소 노골적인 표현이지만, 요지는 간단하다. 언제든 상사나 회사의 부당한 요구에 맞서 "꺼져!"라고 말할 수 있는 자유를 얻기 위해 필요한 돈을 뜻한다. 즉 우리는 얼마든지 더 나은 직장을 찾아갈 수 있으며, 이를 위해서는 최소한의 금액이 필요하다. 더 구체적으로 말하자면 최소 12개월, 이상적으로는 24개월 동안 소득이 없어도 버틸 수 있는 금액이어야 한다. 자신뿐만 아니라 가족 모두가 그 기간 동안 생계를 유지할 수 있도록. 요즘 금리가 낮아 저축으로는 어림도 없다고? 괜찮다. 일단 저축을 하면 조금이라도 이자가 붙으니까 말이다. 다음의 세 가지를 명심하자.

첫 번째, 이제 막 사회생활을 시작했다면 지금 모으자. 아직 지출이 적을 때다. 아직 부양해야 할 가족도 없고, 큰 치료비 같은 게 필요한 때도 아닐 것이다. 생활비가 폭발적으로 증가하기 전에 지금 퍽유 머니를 마련하자.

두 번째, 시간을 벌자. 여유 자금이 있다면 마음의 평화를 얻을 뿐만 아니라 돈이 일하게 할 수 있다. 그러면 일하는 시간을 줄일 수 있다. 자녀가 있고 나이를 점점 더 먹으면 시간은 소중한 자원이 된다. 돈과 달리 시간은 불릴 수 없기 때문이다.

세 번째, 빚지지 말자. 예외가 있다면 단 하나, 주택담보대출뿐이다. 소액 대출, 신용카드 대출, 리스 같은 장기 임대도 절대 금물이다. 마음에 드는 자동차를 현금으로 살 수 없다면, 수중에 있는 돈으로 감당할 수 있는 중고차를 구매해라. 나는 아예 집값을 전액 현금으로 지불할 수 있을 때까지 집을 사지 않기로 했다. 물론 구시대적이라고 생각할 수도 있다. 하지만 나는 그렇다.

돈도 당신의 건강만큼 중요하다고 생각하자. 분명한 건, 돈이 우리를 행복하게 해주는 건 아니란 사실이다. 그런데 돈이 없으면 우리는 매우 불편하고 또 불행해진다.

33
자기 연민에 빠져라

운전 중인데 차가 갑자기 쾅 소리를 내며 멈춰 섰다. 욕설을 뱉으며 내린 당신은 기둥에 차를 들이받았다는 사실을 깨닫는다. 이때 절대로 자신을 탓하지 말자. 잘못은 경고 센서를 달지 않은 자동차 회사에 있고, 그런 멍청한 자리에 기둥을 세운 도시 행정에 있으며, 과도한 스트레스를 주어 이미 당신이 사무실에 가 있는 듯한 정신 상태를 만들게 한 상사에게 있다. 운전 학원 강사도 예외는 아니다. 제대로 가르치지 않았으니까. 그렇게 자신을 불쌍한 사람 취급해라. 어떠한 해결책도 마련하지 말고.

피해 의식에 젖어 사는 삶은 불행하다. 자신을 피해자로 인식하는 것은 상처에 바르는 연고와 같은 작용을 한다. 그런데 이는 마약과도 같다. 그 안락한 기분에 취해 곧 중독되어 버린다. 내 책임이 아니라니, 이 얼마나 다행인가. 해방감마저 든다. 대입 시험에 떨어졌는가? 그건 무능한 교사와 불공정한 채점

방식 탓이다. 당신처럼 독창적인 사람을 알아보지 못하고 괴롭게 만드는 시험 제도 탓이다.

피해 의식과 자기 연민의 대가가 되고 싶은가? 그렇다면 당신의 출신과 나이, 성별에 대한 편견을 이용해라. 그러면 큰 목소리로 요구하는 게 가능해진다. 사회가 당신에게 무언가 빚졌다는 느낌을 받기 때문이다. 자기 변화를 위한 노력 대신, 누가 당신과 '당신의 사람들'을 억눌렀는지 정리하는 정신적 대차대조표를 만드는 데 시간을 써라. 그러면 당신 삶은 들이받을 수밖에 없는 기둥들로 가득 찬 코스가 될 것이다. 같은 사고와 같은 변명이 되풀이되는 인생 말이다.

이성의 조용한 목소리

사람은 누구나 아무리 똑똑하거나 성공했다고 해도 한 번쯤은 운명의 타격을 받게 된다. 실패나 좌절이 없는 삶은 없다. 완벽하게 연출된 유명인의 삶조차 그 이면에는 눈물이 흐른다. 인생이란 그런 것이다. 실패는 처음부터 삶에 포함된 몫이다. 아직 그런 일을 겪지 않았다면, 곧 맞이하게 될 것이다.

물론 나쁜 일이 일어날 땐 항상 그럴듯한 이유가 있다. 세상 모든 재앙은 원인의 원인의 원인으로 이어진 끝없는 사실의 마지막 고리에 매달려 있다. 조금만 인내심을 가지고 파고

들면, 그 사슬은 심지어 우주의 시작, 빅뱅까지 거슬러 올라가게 된다. 자초한 실패 역시 다르지 않다. 그때 왜 나는 어리석은 결정을 내렸을까? 그건 어리석은 결정을 내리고 싶어서가 아니라, 필요한 만큼의 지식이 없었고, 준비가 부족했으며, 집중력이나 의지가 거기까지 닿지 못했기 때문이다.

더 나은 인생을 원한다면 나는 다음의 두 가지를 권한다. 첫째, 실패를 분석하고 실패에서 배워라. 우리는 성공보다는 실패에서 열 배 더 많은 것을 배울 수 있다.

둘째, 절대 자기 연민에 빠지지 마라. 어떤 식으로든 자기 연민은 금물이다. 자신이 피해자라고 느끼는 순간, 당신은 이미 진 것이다. 왜 그럴까? 그 감정이 당신으로부터 삶에 대한 통제권을 앗아가기 때문이다. 이는 완전히 비생산적인 존재 방식이다. 따라서 '하지 말아야 할 일 목록' 최상단에 넣어야 할 항목이다. 부디 자기 연민, 피해 의식에서 벗어나자.

피해 의식이 꼭 잘못된 것만은 아니다. 실질적으로 우리는 피해자이기도 하니까 말이다. 유전자는 불완전하고, 지식은 단편적이며, 역사는 공정하지 않고, 우리를 둘러싼 환경은 힘들고 무질서하다. 그렇다고 해도 이런 인식은 우리 삶에 크게 도움이 되지 않는다. 오히려 더 우리를 깊은 수렁으로 끌고 들어간다. 마치 모래 늪처럼, 한 번 빠지면 발을 뺄 수가 없다.

그렇다면 어떻게 해야 할까? 사고방식을 틀어, 자기 연민과는 180도 반대인 사유의 레퍼토리를 쌓아 올려야 한다. 찰리 멍거는 이런 일화를 들려주었다. "내 친구 중 두꺼운 카드 묶음을 들고 다니는 친구가 있었다. 누군가가 자기 연민을 토로하면, 그 친구는 그 카드 묶음에서 한 장을 꺼내 조용히 건넸다. 카드엔 이렇게 적혀 있었다. '당신의 이야기가 나의 마음을 울렸습니다. 지금껏 당신만큼 불행한 사람의 이야기를 들어본 적이 없습니다.'"

미국 중서부에서 태어나 대공황의 가난 속에서 자란 멍거는 철칙 하나를 세웠다. 이를 우리 삶에 적용한다면 더할 나위 없이 좋을 것이다. "어떤 사람이나 상황이 당신의 인생을 망쳤다고 느껴질 때마다 되새겨라. 당신 인생을 망친 사람은 바로 당신이다. 이건 단순한 진실이다. 스스로 피해자라고 느끼는 건 인생을 살아가는 데 있어 최악의 태도다. 어떤 일이 벌어지든 그 책임은 결국 당신에게 있으며, 그 모든 것을 바로잡을 사람 역시 당신임을 명심해라."

34
구속하고 집착하고 복종해라

사랑에 빠지는 건 정말 아름다운 일일까? 거기서 더 나아가 극단으로 치달아보면 어떨까? 사랑에 빠지는 데서 그치지 않고, 사랑하는 사람에게 몸과 마음을 다해 헌신하는 삶. 완전히 그의 노예가 되는 삶! 그러면 당신은 요동치는 감정의 소용돌이에 휘말리게 될 것이다. 처음에는 희열이 넘치다가, 점점 절망으로 빠져드는. 이 불균형한 사랑이 낳을 장기적 고통은 보장된 수순이다. 영국의 극작가 서머싯 몸 William Somerset Maugham은 소설 《인간의 굴레》에서 이 파괴적 열병을 정확히 묘사했다. 절름발이로 태어난 필립은 밀드레드라는 웨이트리스에게 집착하고, 그녀는 그의 사랑을 이용만 할 뿐 응답하지 않는다. 그럼에도 필립은 자신의 격정을 이겨내지 못하고, 결국 밀드레드가 요구하는 대로 다 한다.

그렇다. 불행하게 살고 싶다면, 이 소설의 경고를 무시하면 된다. 그리하여 병적인 집착의 세계에 몸을 담가보자. 일생일대의 사랑이 떠날까 봐 매일 두려움에 떠는 삶. 그 이별의 두려움을 잠재우기 위해선 어떠한 희생도 불사하자. 사랑하는 사람이 당신의 취미를 싫어한다면? 당장 그만두자. 그가 당신의 친구들을 마음에 들어하지 않는다면? 당장 친구들과 거리를 두자. 가족도 마찬가지다. 충성의 증거로 당신의 모든 연락망, 전화, 문자, 이메일을 공유하자. 다른 사람과 만나는 것이 그의 심기를 불편하게 만드는 걸까? 걱정하지 마라. 자발적으로 스스로를 고립시키면 된다. 당신은 오로지 그에게만 속한 사람이면 되니까.

보다 중요한 것은 당신의 개인적인 야망을 포기하는 것이다. 지금까지 쌓은 커리어? 무시하자. 그 사람의 '앞길'을 가로막고 싶지 않다면 말이다. 당신의 외모와 행동에 대해 날마다 쏟아지는 잔소리를 너그럽게 받아들이자. 진짜 나쁜 관계를 유지하려면 매일같이 비난하고 트집 잡는 것이 필수적이다. 어쩌면 그가 당신을 함부로 대한다거나, 거짓으로 기만한다거나, 더 나아가 학대할지도 모른다. 그래도 감당해야 한다. 이 관계는 그럴 만한 '가치'가 있으니까 말이다. 무슨 일이든 다 참고 견디자. 이것이야말로 진정한 헌신이다.

당신에게 맹종하는 사람을 찾았다면 그와 결혼하기를 추천한다! 그리고 복종은 사랑의 궁극적인 증거라고 자신에게 반복적으로 이야기하자. 최악의 결혼 생활은 지루함으로 혼수상태에 빠지는 것도, 배우자를 죽이는 것도 아니다. 완전히 절망적인 관계를 드러내는 노예적 구속이야말로 최악의 결혼 생활이라고 할 수 있다.

이쯤 되면 누군가는 말할 것이다. 원한다면 언제든 떠날 수 있지 않느냐고. 바깥에서 보면 해결책은 명확하다. 하지만 그것이 바로 복종의 본질이다. 처음엔 사랑의 유대였던 그 끈이 보이지 않는 족쇄로 변해버린 탓에 끊어내기가 어렵다. 연인으로 위장한 노예의 주인은 특별히 부유하거나 아름답거나 멋있지 않아도 된다. 때로는 원시적인 모습이 도리어 매력적으로 보이기도 한다.

사랑으로 맺어진 관계가 아니어도 복종은 일어난다. 친구, 상사, 치료사, 정당, 심지어 사이비 교주를 주인으로 삼아 맹종할 수도 있다. 그리고 그렇게 되는 순간, 당신의 인생은 나락으로 떨어지게 될 것이다.

이성의 조용한 목소리

서머싯 몸이 그린 사랑은, 사랑이 아니라 병이다. 그것은 의존이고, 광기이고, 자기를 파괴하는 욕망이다. 문학계에는 이런 종류의 사랑이 넘쳐난다. 레오 톨스토이의 《안나 카레니나》, 요한 볼프강 폰 괴테Johann Wolfgang von Goethe의 《젊은 베르테르의 슬픔》, 존 윌리엄스John Williams의 《스토너》, 블라디미

르 나보코프Vladimir Nabokov의 《롤리타》, 이언 매큐언의 《수업Lessons》 등. 혹시 원한다면 E. L. 제임스E. L. James의 《그레이의 50가지 그림자》에서도 확인할 수 있다. 이 소설들은 모두 압축된 인생사이자 경고다. 다들 한번 읽어보자. 그러면 일찍부터 구속과 집착의 감각을 익힐 수 있게 될 것이다.

그런데 구속과 복종이 반드시 맹목적인 사랑에서 비롯되는 것은 아니다. 때로는 지위나 학력, 자산, 나이가, 또는 자존감의 큰 차이가 그 근원이 되기도 한다. 자기 가치감이 낮은 사람일수록 복종에 빠지기 쉽다. 관계를 유지하는 것 자체가 자신이 '가치 있는 존재'임을 증명해 주는 근거가 되기 때문이다.

그렇지만 자기 가치감이 높은 사람도 구속과 복종으로부터 결코 자유롭지 않다. 막스 프리쉬는 잉게보르크 바흐만에게 병적으로 집착했으며, 가수 티나 터너는 폭력적인 남편 아이크 터너에게 시달리면서도 그를 떠나지 못했다. 이런 사례를 참고하여 구속과 집착의 징조가 느껴지면, 복종의 조짐이 느껴지면, 즉시 그 관계에서 벗어나자. 구속하고 집착하는 관계보다, 복종하는 관계보다 아무런 관계도 맺지 않는 것이 천 배는 낫다.

35
벼락 부자를 꿈꿔라

어느 날, 한 지인이 당신에게 아프리카의 구리 광산에 투자하라고 말한다. 듣고 보니 수익률이 기가 막히다. 그는 3년 만에 투자금을 열 배로 불렸다고 한다. 게다가 구리는 늘 수요가 있으니 절대 손해 볼 일이 없단다.

다음 날에는 주거래 은행에서 전화가 온다. 새로 출시된 펀드가 있어 소개차 연락했단다. 너무 복잡해서 전화상으로는 구체적인 내용을 설명하긴 힘들지만, 아무튼 지능 지수가 140 이상인 내부 금융 수학자들이 연 50퍼센트의 수익률을 보장했단다. 이미 많은 사람이 가입을 희망해 마감 직전인데, 당신이 VIP 고객이라 특별히 가입할 수 있게 해주겠다고. 그는 말한다. "저축액의 절반을 여기에 투자하면 3년 뒤에는 '재정적 자유'를 이루실 수 있어요."

그날 저녁, 한 벨라루스 재벌에게서 메일이 온다. 자금이 급히 필요한데, 큰 금액이 아니라서 당신에게 연락했단다. 오늘

내로 1만 달러만 보내주면 내일 10만 달러를 보내겠다고 말이다. 이자가 그야말로 천문학적인 숫자다.

인생을 확실하게 망치고 싶다면 이런 기회를 절대 놓치지 말자. 하룻밤 사이에 부자가 될 수 있다면 그게 어떤 기회든 거머쥐어야 한다. '일확천금' 벌기, 요샛말로 '벼락 부자 되기'는 모든 사람의 꿈이다. 힘들게 땀 흘리며 돈을 버는 대신, 이자가 높은 저축 상품과 수익률 높은 주식 투자로 돈을 벌자. 물론 선견지명과 통찰력이 필요하다. 지금 당장 시작해라! 그럼 조만간 당신은 친구들을 추월하게 될 것이다. 그게 내리막길이라 할지라도.

이성의 조용한 목소리

1919년 보스턴. 사기 전과가 있는 찰스 폰지Charles Ponzi라는 이탈리아계 이민자가 90일 만에 50퍼센트의 수익률을 보장하는 투자 상품을 내놓았다. 실제로 초반에는 그만큼의 수익을 지급했고, 덕분에 사람들은 몰려들었다. 수익성 높은 비즈니스는 늘 사람들의 관심사다. 일확천금의 기회를 마다할 사람이 어디 있겠는가. 하지만 폰지의 시스템은 어떤 사업에도 기반하지 않았다. 아무것도 만들어내지 않았다. 폰지가 한 일은 단 하나였다. 새로운 투자자의 돈을 기존 투자자에게 나눠주는 것.

결국 1920년 미 당국이 조사에 들어갔다. 폰지의 투자 시스템은 순식간에 민낯이 드러났고, 투자자들의 신뢰는 무너졌으며, 폰지는 또다시 감옥에 들어갔다. 오늘날 폰지의 사기는 대규모 금융 사기의 전형적인 사례로 손꼽힌다. 따라서 이런 식의 '일확천금 수법'이나 피라미드 또는 다단계 판매를 종종 폰지 사기라고 부르기도 한다. 이와 관련하여 다음의 네 가지를 명심하자.

첫째, 통상적인 수준보다 훨씬 높은 수익을 약속한다면 그건 사기다. 다시 말해, '너무 좋아서 믿기 어려운 것'은 대개 사실이 아닌 경우가 많다. 복권 당첨이나 유산 상속이 아닌 한, 빠르게 부자가 될 수는 없다. 하지만 천천히 부자가 되는 것은 가능하다.

둘째, 돈이 어떻게 벌리는지 이해되지 않는다면 손을 떼라. 암호화폐, 다단계 판매, 초단타 매매에는 발을 들이지 마라. 소중한 돈을 의심스러운 거래로 날려버리는 무모한 도박은 절대 금물이다. 믿을 만한 시중의 큰 은행에서 내놓은 상품이라 할지라도 예외는 아니다. 이런 상품은 운용 수수료가 높은데, 그 돈은 다 당신의 주머니에서 나간다. "당신은 단 한 번만 부자가 되면 된다." 미국의 작가 월터 거트만Walter Gutman이 남긴 말이다. 참으로 지당한 말이다.

셋째, 기업의 재무제표를 읽을 줄 모른다면 개별 종목은 단 하나도 사지 마라. 차라리 수수료가 매우 낮은 광범위한 인덱스 펀드에 투자해라. 인덱스 펀드는 당신이 어리석은 결정을 내리지 않도록 보호하며, 금융 전문가의 80퍼센트가 일반적으로 달성하는 수익률보다 조금 더 높은 수익을 제공한다.

넷째, '빠르게 부자 되기'와 정신적으로 짝을 이루는 것이 있는데, 바로 '빠르게 스마트해지기'다. 주변을 둘러보면 단숨에 전문가로 만들어주겠다고 약속하는 앱과 강좌와 책이 널려 있을 것이다. 전형적인 제목은 다음과 같다. '완벽한 부모가 되기 위한 세 단계' 또는 '유니콘 기업으로 가는 지름길'. 다들 알다시피 하룻밤 사이에 대가가 되거나 정상에 오를 수는 없다. 벼락 부자도 마찬가지다. 어떻게 하룻밤 사이에 백만장자가 될 수 있겠는가.

결론은 이렇다. 빠르게 부자 되기, 빠르게 스마트해지기, 빠르게 건강해지기, 빠르게 유명해지기, 빠르게 성공하기. 이 모든 것에서 손을 떼자. 당신이 정말 빠르게 해야 하는 유일한 일은, 이 모두가 일종의 사기임을 깨닫는 것이다.

36
생각의 회전문에 빠져라

"안타깝게도 그 아이디어에 대한 반응은 미미했어요." "이 프로젝트에 당신의 기여도가 얼마나 되는지 다시 이야기해 볼까요?" "우리가 정말 그걸 필요로 하는지 잘 모르겠네요." 펑! 이제 어떻게 해야 할까? 상대의 말은 부드러웠지만, 뭐가 잘못된 걸까 곧바로 골몰하기 시작한다. 우리의 뇌가 무한 루프 모드로 전환되어 생각이 꼬리에 꼬리를 물고 늘어진다. 내가 뭘 잘못 말했나? 있는 사실을 말한 걸까, 돌려 말한 걸까? 내가 예의 없게 굴었나? 혹시라도 실수한 게 있을까? 상사는, 애인은, 집주인은 내가 마음에 들지 않는 걸까? 나 끝장난 걸까? 다시 기회를 얻을 수나 있을까?

삶을 지옥 불에 던져넣고 싶다면 사소한 발언 하나로 이어진 하나의 상황을 몇 시간, 몇 주, 몇 달 동안 곱씹으면 된다. 머지않아 당신은 두려움과 의심의 소용돌이에 빠져 허우적거리고 있을 것이다. 어느 순간부터는 다른 어떤 일에도 집중할 수 없게 된다. 미용실에 있을 때도, 마트에서 장을 볼 때도, 식사 준비를 하거나 이를 닦을 때도 과거의 장면과 질문으로 머릿속이 떠들썩할 것이다. 기억의 창고에서 먼지 앉은 옛 갈등과 논쟁과 대화를 끄집어내자. 10년 전, 그가 무슨 말을 어떻게 했더라? 그가 나를 정말 좋아하긴 했을까? 나만의 착각이었을까? 그 어떤 질문도 정답을 알 수 없다. 그저 끝없는 괴로움이 당신만을 반길 뿐.

이성의 조용한 목소리

"만일 인간이 그처럼 풍부한 상상력을 발휘해서 지나간 불행을 되살리려 하지 않는다면, 인간의 고통은 훨씬 줄었을 거야." 괴테에게 유명세를 안겨준 화제작 《젊은 베르테르의 슬픔》 앞부분에 나오는 구절이다. 소설 속 주인공 베르테르는 친구 빌헬름에게 이렇게 말한다. 이 소설은 고뇌의 처절함을 보여주는 작품으로, 결국 베르테르는 자살에 이르고 만다. 이렇게 끊임없는 번뇌는 우리를 파멸로 이끈다. 다음의 세 가지를 유념하자.

첫째, 생각의 회전문을 돌고 있다는 것을 깨닫는 즉시 거기서 빠져나오자. 생각은 흐르는 물과 같아서, 흐르면 흐를수록 지대를 더 깊게 파고든다. 강물이 유입되는 지역은 더욱 두터

워지고. 이렇게 흐르는 강물의 양은 더 늘어난다. 즉 자기 강화 과정이 일어나는 것이다. 생각의 흐름도 이와 같다. 같은 생각을 자주 할수록 생각의 흐름은 더욱 깊게 골을 파고들며 멈추지 않는다. 이는 학습의 원리이기도 하다.

이러한 생각의 소용돌이에서 벗어나려면 어떻게 해야 할까? 단순히 불쾌한 발언을 흘려듣는 것만으로는 안 된다. 무시는 거의 효과가 없다. 대신 진지하게 받아들이자. 어쩌면 그때 당신이 진짜 실수를 했을 수도 있다. 당시의 상황을 다시 '한 번' 처음부터 끝까지 되짚어보자. 여기서 방점은 '한 번'에 찍혀 있다. 열 번도, 백 번도 아니다. 단 한 번이다. 그렇게 딱 한 번 돌이켜보면서, 거기서 무엇을 배울 수 있는지 정리해 보자. 적어보는 것도 좋다. 그리고 끝. 이제 할 수 있는 일은 다 했다. 이제 당신은 생각의 감옥으로부터 나갈 수 있다. 일종의 석방 승인이다. 물론 그 생각은 여전히 존재한다. 당신도 알고 있다. 하지만 더 이상 당신 머릿속에 존재하지 않는다. 종이나 휴대폰 또는 태블릿으로 옮겨 갔으니까. 그것만으로도 당신의 머릿속은 한결 가벼워질 것이다.

둘째, 생각을 적어놓은 다음에도 생각이 멈추지 않는다면, 매주 반추의 시간을 가지자. 이왕이면 오전 중으로. 무슨 일이 있어도 저녁은 피하도록 하자. 일정표에 약속처럼 표시해 놓고, 그 시간이 되면 당신의 머릿속을 어지럽히는 온갖 걱정거리와 흩어진 생각들을 자유롭게 늘어놓고 거침없이 파고들자.

그러면 당신은 곧 깨닫게 될 것이다. 수첩에 이미 적어둔 내용 말고는 새로운 게 하나도 없다는 것을. 그 시간에 차라리 음악을 듣거나 드라마를 보는 게 더 나았을지도 모른다는 것을.

셋째, 당신을 우울하게 만들진 않지만 멍청하게 만드는 생각의 회전문도 있다. 바로 '계획의 무한 반복'이다. 예를 들어, 당신이 작가를 꿈꾼다고 해보자(개인적으로는 딱히 추천하지 않지만). 그런데 그 생각을 10년 동안 하기만 하고, 아직 단 한 줄도 쓰지 않았다면? 당신은 이제 결정을 내려야 한다. 계획을 실천하거나, 언제까지 하겠다고 기한을 정하거나, 이만 접어야겠다고 결심하거나. 그 외의 모든 고민은 시간 낭비일 뿐이다.

결론은 이렇다. 삶의 질, 그리고 관계의 질은 생각의 질에 달려 있다.

37
평판을 돈으로 바꿔라

인생을 확실히 망치고 싶다면, 평판을 현금화하는 길을 택해라. 당신이 어디에 있든 이 유혹은 존재한다. 경찰이라면 단속에 걸린 과속 운전자에게 면허증을 달라는 대신, 조용히 자신의 명함을 건네면 된다. 그 대가로 고급 와인 몇 병을 받을 수 있다. 의사라면 효능이 불분명하거나 필요하지도 않은 약을 처방함으로써 제약회사가 제공하는, '학회 출장'을 가장한 카리브해의 호화 휴가와 전문가 사례비를 챙길 수 있다. CEO라면 더 직접적으로 행동할 수 있다. 본인이 경영하는 기업의 주식을 몰래 매수하거나, 배우자에게 타이밍 좋은 조언을 건네면 된다. 이를 위해서는 합법의 경계를 넘는 것도 괘념치 않는다. 경계 너머의 초원은 유독 푸르고 무성하여 뜯어먹을 것이 많으니까 말이다.

이성의 조용한 목소리

1948년 인도에서 태어난 라자트 굽타Rajat Gupta는 한때 세계적으로 알려진 유명 인사 중 하나였다. 1973년에 맥킨지 앤 컴퍼니에 입사해 경영 컨설턴트로 일을 시작한 그는 성공 가도를 달리며 2003년에는 맥킨지의 CEO가 되었다. 수입이 수백만 달러에 달한 것은 물론이다. 아울러 골드만삭스, P&G, 아메리칸 항공 같은 대기업의 이사회에도 이름을 올렸다.

하지만 2012년, 굽타는 증권사기 등의 혐의로 뉴욕 법원에서 유죄 판결을 받았다. 2008년 금융위기 때 내부 정보를 활용해 더 큰 돈을 벌려고 했던 그는, 자신이 가진 정보를 친구가 운영하는 헤지펀드에 넘겼던 것이다. 굽타는 2년의 징역형과 500만 달러의 벌금형을 받았다. 그의 명성과 커리어도 끝이 났으며, 평판은 끝도 없이 추락했다.

우리 주변에는 이 같은 사례가 넘치도록 많다. 우리는 이로부터 어떤 것을 배울 수 있을까? 다음의 네 가지를 유념하자.

첫째, 절대 돈 때문에 자신의 평판을 위태롭게 하지 말자. 이는 바보 같은 생각이며, 굽타처럼 돈과 평판 모두를 갖춘 위치에 있다면 더 말할 것도 없다. 이 거래는 일방통행이다. 평판은 돈으로 바꿀 수 있지만, 그 반대는 불가능하다. 워런 버핏도 이렇게 말했다. "정말 필요하지도 않은 것을 위해 반드시 필요한 것을 위태롭게 하는 건 미친 짓이다." 아울러 평판은 돈보다 훨씬 더 중요한 자원이라고 덧붙였다. 버핏은 이따금 자기 회사 CEO들에게 짧은 편지를 보내 이런 메시지를 전했다. "우리가 돈을 잃을 수는 있습니다. 심지어 많은 돈을 잃어도 됩니다. 하지만 평판은 안 됩니다. 단 한 치도 잃어서는 안 됩니다." 평판은 거래 가능한 상품이 아니다.

둘째, 절대 리베이트를 받지 말자. 우리는 때론 권력을 가진 위치에 자리하게 된다. 예를 들어, 대형 마트 체인점에서 물건을 대량으로 사들이는 큰손의 구매자 같은. 얼마나 물건을 구매할지 수억에 달하는 예산을 결정하며, 이는 거래사 직원들의 보수와 거래사 성장에도 간접적으로 영향을 미친다(반면에 작은 회사의 직원이라면 소소한 임금을 순순히 받을 것이다). 따라서 당신에게 리베이트 같은 뇌물을 제공하는 공급자에게 발주하고 싶은 유혹이 어마어마하게 크다. 돈이 절실하게 필요한 상황이라면 더욱 그렇다. 절대 그 유혹에 넘어가지 말자. 직업적·사회적 지위를 위태롭게 할 뿐만 아니라, 강요나 협박에도 시달릴 수 있다.

스위스 항공에서 일했을 시절, 나는 면세 관련 업무를 맡은 적이 있다. 당시 호주와 홍콩의 공급 업체들이 우리 스위스 항공과 거래하기 위해 내게 뇌물을 주려고 했다. 얼마나 혹하는 제안이던지! 수만 달러를 받을 뻔한 적도 제법 됐다. 하지만 사회 초년생 시절이라 돈을 쓸 곳이 그리 많지 않았다. 지금 와서 돌이켜 보면 내 한쪽 어깨 위에 앉은 악마의 목소리를 들지 않고("어서 받아, 너는 그래도 돼!"), 다른 쪽 어깨 위에 있는 우직한 천사의 말을 들어서 정말 다행이다. 무언가 확실하지 않을 때면 버핏이 제안하는 '신문 테스트'를 해보자. 즉 내일 자 신문 1면에 내 얼굴이 주요 사건으로 대문짝만 하게 실린다고 상상해 보는 것이다. 그걸 가족과 주변 사람들이 읽게 된다면? 창피한 생각이 드는가? 그렇다면 그 일에서 얼른 손을 떼고 잊어버리자.

셋째, 애매하면 그 자체로 위험한 것이다. 합법과 불법 사이에는 광대한 회색 지대가 있다. 이를 어떻게 판단해야 할까? 버핏의 말을 참고하자. "테니스 코트 정중앙에서도 돈은 충분히 벌 수 있다. 어떤 행동이 라인 밖을 넘는지 의심스러운 경우에는 그냥 아웃으로 쳐라."

넷째, 회색 지대에 속한 업은 하지 마라. 어떤 업계는 아예 그 '애매함'을 업의 본질로 여긴다. 특별한 상황이라면 이해해 줄 수도 있다. 하지만 그 일을 할 준비가 되어 있지 않다면 아예 시작하지도 마라. 누구나 널리 행하고 있는 업이라고 해서 다 합리적인 것은 아니다. 이런 경우에는 업종을 바꿔야 한다.

38
온실 속 화초가 되어라

불행과 고통에 유난히 취약한 사람이 있다. 당신도 그런 사람이 되고 싶은가? 그렇다면 이렇게 하면 된다. 자신을 최대한 보호할 것. 가능한 모든 스트레스와 작은 시련조차 피하는 것이다. 대신, 편안함에 몸을 담그자. 가급적 오래오래. 이왕이면 유리 온실 같은 환경에 자신을 놔두는 게 가장 좋다. 그러다 보면 언젠가 세상 밖으로 나왔을 때, 당신은 처음 맞는 바람에 금세 부러지고 말 것이다.

이성의 조용한 목소리

최근 가장 주목받는 CEO라면 아마도 엔비디아의 젠슨 황 Jen-Hsun Huang일 것이다. 대만계 이민자 출신으로 미국에 건너와 반도체의 미래를 통째로 설계하며 억만장자 반열에 오른,

아메리칸 드림의 정점에 선 인물. 그런 그가 2024년 3월 스탠포드대학교에서 학생들을 향해 이런 말을 했다.

"저는 인생에 대한 기대치가 낮은 사람이에요. 제 장점 중 하나죠. 기대치가 아주 높은 사람들은 회복 탄력성이 약해요. 회복 탄력성은 성공의 중요한 요소입니다. 저는 여러분이 직접 고통을 겪어봤으면 좋겠어요. 그것 말고는 제가 이걸 어떻게 가르쳐줄 수 있을지 잘 모르겠네요. 위대함은 지능에서 나오지 않습니다. 인격에서 나오는 것이지. 그리고 인격은 고통을 통해 형성됩니다. 제가 지금 소원을 하나 빌 수 있다면, 여러분 앞에 충분한 고통과 고난이 있기를 바라겠습니다."

객석이 술렁였다. 고통과 고난을 충분히 당하라고? 스탠퍼드에 입학한 학생들이 듣고 싶었던 말은 아니었을 것이다.

스타벅스를 세계적인 커피 전문 체인점으로 키워낸 하워드 슐츠Howard Schultz는 뉴욕 브루클린의 빈민가에서 정부의 지원을 받으며 자라났다. 참전 용사이자 트럭 운전사였던 그의 아버지는 벌이가 좋지 못했는데, 그나마도 일하다 부상을 당하면서 가족의 생계는 더욱 어려워졌다. 이른바 '불우한 어린 시절'을 보냈으나, 그는 이 가난한 시절의 경험을 성공의 추진력으로 삼았다.

J. K. 롤링J. K. Rowling은 미혼모로 사회 복지에 의지하며 살고 있었다. 가족을 먹여 살리기 위해 평범하고 안정적인 직장을 구할 수도 있었지만, 그는 글을 쓰기로 결심했다. 이런 그

의 결정은 전 세계적인 베스트셀러 '해리 포터' 시리즈를 탄생시켰다.

이렇듯 우리 주변에는 어려움을 딛고 일어서서 크게 성공을 거둔 사람들이 많다. 물론 가난과 어려움을 겪어야 성공할 수 있는 것은 아니다. 성공한 사람 중에는 따뜻한 집, 풍부한 재력을 바탕으로 엘리트 코스를 밟아온 이들도 있다. 하지만 이들 대부분은 창업의 길을 걷기보다는 가족 회사의 경영자 코스를 밟는다. 나는 부자 부모 밑에서 자라나 세계 유수의 대학에서 공부를 하고 있는 학생들을 많이 알고 있다. 젠슨 황의 말은 바로 이런 사람들을 겨냥한 것이다. 보호만 받고 자란 이들의 인생은 위험하다. 세상이 급변할 때 맞서 싸우는 방법을 배운 적이 없기 때문이다.

젠슨 황의 이 통찰은 고대 그리스의 철학 전통, 특히 스토아주의의 핵심과도 정확히 일치한다. 스토아학파는 인간의 진정한 인격은 위기 상황에서 비로소 깊이를 갖추게 된다고 믿었다. 내가 가장 좋아하는 스토아 철학자 에픽테토스도 몹시 불우한 어린 시절을 보냈다. 그는 노예의 아들로 태어났고, 그 덕에 이름도 '획득된 자'라는 뜻을 가지게 되었다. 어느 날, 주인이 이유 모를 폭력을 행사해 다리를 다친 그는, 평생 절뚝거리며 살아야 했다. 네로 황제가 죽고 나서야 비로소 자유를 얻은 에픽테토스는 직접 학교를 세우고 철학을 가르치기 시작했다. 그가 꽃피운 후기 스토아학파는 인간의 힘든 운명을 매우 현명하게 다루는 데 으뜸이다.

군인이 전투를 대비해 육체적으로도 정신적으로도 무장하는 것처럼, 우리도 도전과 시련을 통해 자신을 연마할 수 있다. 비즈니스 세계에서 실패는 일상적이다. 힘든 상황을 수차례 이겨내고 살아남은 사람은 앞으로 어떤 시련이 닥쳐오더라도 보다 침착하게 대처할 수 있다. 스스로를 조절하고, 내면의 중심을 지키는 법을 안다. 고통과 고난이 회복 탄력성을 향상시킨 것이다. 고난이 일시적일 때 회복 탄력성은 더욱 빛을 발한다.

따라서 나는 이 책을 읽는 당신이 일말의 고통을 경험해 보길 바란다. 무한정 겪으라는 말은 아니다. 기한을 정해 가벼우면서도 생애 활기를 돋우는 정도의 고통이면 충분하다. 그리고 스토아 철학자들처럼 행동하길 바란다. 앉아서 가만히 운명을 기다리기보다는 자신만의 안전지대를 뛰어넘는 새로운 무언가에 도전하길 바란다. 며칠간 단식을 하거나 딱딱한 바닥에서 자보는 것 같은. 언젠가 더 큰 고난과 시련이 우리에게 닥칠 것이다. 그때를 대비해 자기 자신을 연마하자.

39
감정에 휩쓸려라

 화가 나는가? 그럼 표현하자! 제대로 화풀이를 하자. 주먹을 쥐고 탁자를 내려치자. 유리잔 하나쯤 벽에 내던지자. 길을 걷다 마주친 사람을 일부러 들이받고, 공사 현장에 들러 망치 하나를 쥐고 보이는 것마다 부숴버리자. 진이 다 빠질 때까지, 화가 다 풀릴 때까지. 지금 이 순간만이라도.
 아니면, 화는 나지 않고 그저 슬플 뿐인가? 그러면 지하실로 내려가 두 손에 얼굴을 묻고 며칠이고 실컷 울어보자. 블루스의 대가 비비 킹B. B. King의 〈스릴은 가버렸지The Thrill is Gone〉나 베토벤의 월광 소나타를 무한 반복하며. 눈물이 한 방울도 나오지 않으면 그때 다시 밝은 세상으로 기어 나오자.
 불행한 삶을 원한다면, 당신이 기분 나쁜 이유가 무엇인지 따지지 말고 있는 대로 감정을 분출하기를 권한다. 분노, 슬픔, 시기, 질투, 불안, 절망까지도. 그 감정을 가능한 오래 끌고 가자. 감정의 폭발을 일시적 흥분이 아니라 존재의 핵심으로 삼

자. 감정이 곧 나다! 감정이 내뿜는 힘을 자랑스럽게 여기자. 그러면 당신은 '위대한 영혼'이 될 것이다. 결혼, 이직, 투자 같은 중요한 결정을 내려야 할 때도 감정의 목소리에 귀를 기울이자. 그만큼 빠르고 정확하게 당신을 불행한 삶으로 인도할 것이다.

이성의 조용한 목소리

감정 관리는 예나 지금이나 늘 어려운 관심 주제다. 고대 그리스 철학자들은 이렇게 주장했다. 인간은 이성적 존재이고 감정은 동물적인 본능이기에 이성의 통제를 받아야 한다고 말이다. 오늘날 이게 가능하려면 의지력을 갖거나, 감정 전환을 하는 방법을 배우거나, 인지 행동 치료Cognitive Behavioral Therapy, CBT를 받아야 한다. CBT란 간단히 말해, 감정을 논리적인 분석을 통해 다루는 것이다.

스토아 철학자들은 특히 분노에 주목했는데, 분노는 상황 자체에서 발생하는 것이 아니라, 우리가 상황을 어떻게 해석하느냐에 따라서 비롯된다고 보았다. 예컨대, 누군가 무례한 행동을 하면 스토아 철학자는 화를 내는 대신, 상대방을 이해하고 인내심을 기를 수 있는 기회라고 여겼다. 아마도 그가 뭘 모르기 때문에 그렇게 행동한다고 여기는 것이다. 간단히 말하자면, 타인은 자비를 베풀어야 하는 대상이다. 로마의 황제이자 스토아 철학자인 마르쿠스 아우렐리우스Marcus Aurelius는 《명상록》에서 이렇게 말했다. "우리를 화나게 하는 것은 그 사람의 행동이 아닌 그에 대한 우리의 해석과 판단이다."

중세 기독교는 고대 그리스인이 고수하던 삶의 규칙을 대체로 받아들였다. 목표는 여전히 감정을 통제하는 것이었다. 분노를 통제하는 것과 관련해서는 새로운 진언이 추가되었다. "우리가 우리에게 죄지은 자를 사하여준 것 같이 우리의 죄를 사하여주옵시고…."

낭만주의 시대에 접어들면서 비로소 감정을 억제해 오던 분위기가 사그라들기 시작했다. 이제 감정은 억눌러야 할 것이 아니라 해방시켜야 할 것으로 여겨졌다. 약 100년간 서구에서는 감정을 표현하고 드러내는 것이 정상적이고 일반적인 일이 되었다. 급기야는 상담심리사의 소파에 누워 자신의 감정을 미주알고주알 전해 바치는 데 이르렀다. 이 시기에 감정은 '증기 보일러'처럼 취급되었다. 억누를수록 폭발 가능성이 높은. 그래서 수시로 밸브를 열어줘야 한다고 말이다.

하지만 최근의 연구 결과는 감정의 고삐를 풀고 자유롭게 분출하는 것은 크게 도움이 되지 않는다고 한다. 미국의 심리학자 소피 카예르비크Sophie L. Kjaervik와 브래드 부시먼Brad J. Bushman은 이 주제에 관한 154편의 논문을 분석하고 종합한 끝에 다음과 같은 결론에 이르렀다. 화난 마음을 달래기 위해 나무를 자르고, 주먹을 휘두르고, 접시를 부수고, 온 힘을 다해 달리기를 하는 등의 행동은 각성 수준을 높여 오히려 부정적인 감정을 증폭시킬 뿐이라고 말이다. 이는 성별이나 연령을 가리지 않았다. 반면 마음을 가라앉히는 기술은 효과가 있었다. 앞서 말한 인지 행동 치료 역시 그중 하나다. 고대 그리스인이 알고 있던 사실이 오늘날 다시 확인된 셈이다.

여기서 한 가지 조언을 건넨다면, 감정을 날씨처럼 대해보자. 구름은 언젠가 걷히고, 비도 언젠가는 그친다. 우리는 날씨를 통제할 수 없듯 감정도 통제할 수 없다. 그러니 감정을 너무 심각하게 받아들이지도 말고, 자신과 동일시하지도 말자. 감정은 일시적이며, 나의 정체성을 형성하지도 않는다. 내게 속한 것도 아니다. 그런데도 감정에 계속 관심이 간다면? 자신의 감정보다 타인의 감정에 더 관심을 가져보자.

40
스스로 목숨 끊기

 여기, 마르쿠스라는 이름의 사람이 있다. 그는 자신의 암울한 인생을 끝내기로 굳게 결심했다. 그동안 절망과 고통에 충분히 시달렸으며, 탈출구가 전혀 보이지 않았다. 희망이 하나도 없는 나머지 높은 건물 위에서 뛰어내리기로 마음먹었다. 하지만 그는 바라던 결말을 맞이하는 대신 병원 중환자실에서 눈을 떴다. 추락에서 살아남은 것이다. 몸은 만신창이가 되었고, 고통은 이루 말할 수가 없었다. 내상을 크게 입고 척수가 심하게 손상되었다.

 마르쿠스는 이제 자신이 한때 도저히 견딜 수 없다고 여겼던 상태를 훨씬 뛰어넘는 지경에 이르렀다. 의사가 남은 인생을 휠체어에서 보내야 할 것이라고 말했다. 계속되는 고통은 약물로도 완화되지 않았고, 다른 사람에게 의존해 살아가야 하는 처지는 더더욱 절망스러웠다. 자존감은 완전히 무너졌다. 반복되는 치료는 끝이 없었고, 하루하루가 고문 같았다. 처음엔 곁을 지키던 가족과 친구들도 점점 멀어져 갔다. 내내 고통스러워하는 그를 태연히 돌볼 자신이 없었기 때문이다. 이제 마르쿠스는 죽기로 결심하기 전보다 훨씬 더 비참한 지경에 이르렀다.

이성의 조용한 목소리

살다 보면 정말이지 그냥 사라지고 싶은 순간이 있다. 아마 무슨 뜻인지 다들 짐작할 것이다. 삶이 너무 버거워서, 고통과 불행, 절망이 한꺼번에 밀려들어 도저히 감당할 수 없을 것 같을 때, 이때는 삶을 끝내는 것이 유일한 해답처럼 느껴지기도 한다.

내 친구 중 하나는 실제로 몇 년 전 그 길을 따랐다. 대기업의 CEO였던 그는 일도 잘하고, 똑똑하고, 활동적인 데다 외모도 빼어났다. 직원들도 모두 그를 좋아했다. 하지만 그는 바람을 피웠고, 결국 그 죄책감으로 인해 정신적 압박에 시달렸다. 결국 친구는 손에 밧줄을 들었다. 그를 알고 지내던, 그를 좋아하고 사랑하던 수많은 사람들에게 상실의 아픔을 남긴 채. 나는 지금도 확신한다. 그 친구가 단 몇 주만 더 견뎠더라면, 언젠가 그 감정의 폭풍우는 멎었을 것이고, 그는 그 깊은 구덩이 속에서 빠져나와 적어도 40년은 더 멋지게 살았을 거라고 말이다. 실행 완료된 자살이 끔찍한 점은 바로 여기에 있다. 즉 되돌릴 수 없다는 것. 우리의 목숨은 단 한 개뿐이다.

혹시 지금 '죽어버릴까' 하는 생각이 조금이라도 든다면 명심해라. 우리는 미래를 완전히 예측할 수 없다는 것을. 지금이야 당신의 앞날에 진흙 길만 펼쳐질 것처럼 보이고 불안할 것이다. 하버드대학교의 심리학자 댄 길버트Dan Gilbert는 이러한 심리적 경향, 즉 앞으로의 사건이나 결과에 대해 미리 감정적으로 헤아리는 것을 '정서 예측Affective forecasting'이라고 일컫는다. 문제는 이 예측이 정확하지 않다는 데 있다.

우리는 미래 감정의 강도와 지속 시간을 전반적으로 과장하곤 한다. 지금이야 세상이 무너질 듯 괴롭겠지만, 시간이 지나면 또다시 기분은 나아진다. 게다가 우리의 성격은 아주 느리지만 변화한다. 10년, 20년, 30년 뒤에는 지금과는 다른 사람이 되어 있을 것이다. 삶의 우선순위도 달라지고, 감정과 생각도 모두 달라질 것이다. 세상을 보는 시선이 바뀔 것이다. 따라서 우리는 미래의 자신을 죽일 권리가 없다. 우리의 형제자매를 죽일 권리가 없는 것처럼 말이다. 우리가 마흔에 삶을 끝낸다면, 동시에 쉰의 우리, 예순의 우리, 일흔의 우리도 함께 죽이는 셈이다.

무엇보다 자살은 그 자체로도 끔찍할 만큼 고통스럽다. 그리고 세 번의 시도 중 두 번은 실패로 끝난다. 실패한 자살 시도는 몸과 마음, 정신을 심하게 훼손시킨다. 지금 당신의 삶이 비참하다고 여겨지는가? 정말 그럴 수도 있다. 하지만 자세히 들여다보면 밝고 긍정적인 신호도 있을 것이다. 당신이 아직 펼쳐보지 않은 가능성도 있을 테고. 지금 당장은 보이지 않지만 분명히 존재하는 그 가능성은 자살 시도와 함께 완전히 사라진다. 누군가에게 자신을 보아달라고 외치고 싶은가? 누군가에게 복수하고 싶은가? 누군가에게 죄책감을 안기고 싶은가? 그런 값싼 거래를 위해 자신의 목숨을 내던지지는 말자. 그러기엔 우리는 매우 소중한 존재다. 절대 시도조차, 생각조차 말자. 차라리 병원에 가서 항우울제를 처방받자. 그 편이 훨씬 더 효과적이다.

결론은 이렇다. 자살은 삶의 마지막 지점에 다다르고, 그 어떤 회복 가능성도 없을 때에만 신중하게 고려해 볼 수 있다. 그마저도 절대 감정적으로 결정해서는 안 된다. 반드시 전문가의 조언과 조력을 받자. 스위스에는 엑시트EXIT와 같은 존엄사 단체가 있다. 절대 혼자 시도하지 말자. 당신의 행위로 인해 상처 입게 될 주의 사람을 생각하자. 가족과 친구, 당신을 사랑하는 모든 이들을 떠올려 보자. 그리고 부디 철로 위에 누워버리는 이기적인 인간이 되지는 말자. 철도 기관사에게 지울 수 없는 트라우마를 안기는 그 무책임한 선택 또한 절대 하지 않기를 바란다.

41
잘못된 결혼을 지속해라

여러 연구 결과가 우리에게 말해준다. 가장 행복한 사람은 좋은 결혼을 한 사람이고, 그다음으로 행복한 사람은 결혼하지 않은 사람이며, 가장 불행한 사람은 나쁜 결혼 안에 갇힌 사람이라고 말이다. 그러니 불행한 삶을 원한다면 이렇게 하면 된다. 당신과 맞지 않는 사람과 결혼하되, 무슨 일이 있어도 절대로 헤어지지 말 것.

이성의 조용한 목소리

살면서 어떤 사람을 동반자로 맞이할 것이냐는, 아마도 우리가 내리는 삶의 모든 결정 중에서 가장 중요한 선택일 것이다. 제대로 된 배우자를 만난다면, 설령 직장에서 실패하든, 몸이 아프든, 돈이 없든, 어디에 살든 크게 상관이 없다. 인생은 충분히 감당할 만하고, 때로는 그 이상이 되기도 할 것이다. 그런데 잘못된 배우자를 만난다면? 아무리 삶의 다른 영역이 잘 돌아간다고 해도 인생 자체가 지옥일 것이다. 이미 앞 장에서 결혼 생활을 망치려면 어떻게 해야 하는지 알아봤으니(7장 '불행한 결혼 생활의 지름길로 들어서기' 참조), 이번에는 처음부터 '그나마 나은 결혼'을 할 가능성을 조금이라도 높이는 방법에 대해 생각해 보려 한다.

먼저, 슬픈 사실 하나. 결혼에 '스포일러 금지!'는 없다. 아무리 AI 시대라도 결혼 상대가 어떤지, 어떤 결혼 생활이 이어질지 알려주는 알고리즘은 존재하지 않는다. 첫 데이트에서 간단히 확인할 수 있는 체크리스트가 있다면 아마도 이혼율은 현저히 낮아질 것이다. 실제로 삶의 동반자를 찾는 일에는 엄청난 운이 작용한다. 나는 사람을 다루는 데 천재적인 기업의 CEO들이 정작 자신은 이혼 법정에 서는 모습을 여러 번 봤다. 잘한 결혼의 가능성을 높이는, 거의 유일하게 경험적으로 증명된 변수는 '유사성'이다. 즉 성격, 가치관, 인생의 방향이 서로 비슷해야 한다. '반대가 끌린다'는 세간의 통념은 틀렸다. 반대 성향은 갈등의 불쏘시개다. 이미 남녀 간의 차이만으로도 충분히 어려운데, 가치관마저 다르다면 앞으로의 난관을 어찌 같이 헤쳐나가겠는가? 부디 행운을 빌 수밖에.

두 번째, 결혼 상대를 당신의 기준에 맞게 '고칠 수 있다'는 환상은 당장 버리는 것이 좋다. 이는 절대 불가능하다(44장 '타인을 바꾸려고 애써라' 참조).

　세 번째, 처음 만난, 적당히 괜찮아 보이는 사람과 결혼해서는 안 된다. 수학에 '비서 문제Secretary problem'라는 것이 있다. 당신이 비서 한 명을 뽑기 위해 100명의 후보를 인터뷰한다고 해보자. 한 번 탈락시킨 지원자는 다시 부를 수 없고, 채용을 결정하는 순간 면접은 끝난다. 당신은 과연 어떻게 하겠는가? 수학적으로 가장 좋은 전략은 37명까지는 무조건 탈락시키고, 그중 가장 뛰어난 사람을 기준 삼아 이후 그보다 나은 사람이 나타나면 즉시 채용하는 것이다. 결혼도 이와 다르지 않다. 일단 다양한 사람과 여러 차례 데이트를 해보고, 만남을 가져보고, 내게 어울리는 사람을 선택하자. 무작위 표본 두세 개로는 부족하다.

　네 번째, 절대 돈 때문에 결혼해서는 안 된다. 워런 버핏은 이렇게 말했다. "돈을 위해 결혼하는 것은 원래도 별로 좋은 생각이 아니지만, 특히 당신이 부자라면 완전히 미친 짓이다." 어떤 사람에게 매력과 자질이 부족한데 돈이 많다면? 그러면 돈 자체가 큰 장점으로 보인다. 심리학에서 말하는 '후광 효과'가 바로 이것이다. 돈이라는 후광 효과에 눈이 멀지 않도록 주의하자.

　다섯 번째, 좋은 짝을 원한다면 당신 자신부터 준비돼 있어야 한다. 결혼 시장은 냉정하다. 매력 없는 사람은 선택받지 못한다. 좋은 배우자감은 어리석지도, 눈이 멀지도 않다. 당신과 기준이 똑같다. 따라서 자신을 먼저 돌아보고 괜찮은 사람이 되기 위해 노력해야 한다.

  마지막으로, 온갖 노력을 다했는데도 관계가 계속 깨어지고 상처로 물든다면 그만두어야 한다. 아무리 노력해도 잘 안 되는 관계가 있다. 그런 상황에서 결혼 생활을 지킨답시고 한집에 살면서 서로 헐뜯고 비난하고 싸우는 것은 별 의미가 없다. 아무리 최선을 다해도 뜻대로 안 되는 일이 있음을 인정하고 내려놓자. 한 번 결혼에 실패했다고 해서 자책하지도 말고. 혼자가 된 당신, 그래도 두 번째로 행복한 사람에 속하지 않는가. 다시 가장 행복한 사람의 자리로 돌아가면 되고, 당신은 그 기회를 다시 거머쥐었다.

42
용서 없이 계속
원망 속에 살기

고통으로 가득한 인생을 원하는가? 그렇다면 과거의 상처를 끌어안고 원망을 키워라. 인생을 망치는 데 이보다 좋은 방법은 없다. 누군가 뒤에서 당신의 험담을 했을 것이다. 부모님이 당신을 다른 형제자매와 똑같이 대하지 않았을 수도 있다. 당신의 경쟁자가 경력의 사다리를 걷어차서 당신이 물먹은 것인지도 모른다. 쓰디쓴 이혼, 깨진 우정, 절연한 가족. 지난 삶을 떠올리기만 해도 원망하고 원한을 품을 이유가 넘쳐난다.

  날마다 자기 연민에 빠져 살자. 원망을 단순히 품는 데서 그치지 말고, 정성껏 돌보며 불평불만을 먹이로 무럭무럭 키우자. 머지않아 당신의 삶은 견딜 수 없을 만큼 무너질 것이다. 이 세상에서 원망과 원한처럼 사람을 빠르게 무너뜨리는 것도 없다.

이성의 조용한 목소리

인간의 모든 복잡한 감정은 진화의 산물이다. 원망과 분노도 마찬가지다. 수렵과 채집을 하던 시대, 우리 인간은 50명 남짓한 무리 속에서 살았다. 모두가 서로를 속속들이 다 알았다. 작은 분노도 숨길 수 없었다. 이런 작은 공동체 안에서는 다 드러나니까 말이다. 누군가의 분노는 무리 안의 계약(이른바 사회 계약)이 깨졌다는 신호였고, 덕분에 무리의 질서를 지키는 무기가 되었다. 오늘날은 다르다. 현대의 익명 사회는 그런 신호 체계를 무력화시켰다. 분노는 즉시 해소되지 않고, 속에서 긴 시간 동안 곪는다. 오래된 원한은 점점 더 깊어지고, 결국 우리를 갉아먹는다.

내가 건네는 조언은 이렇다. 당신의 레퍼토리에서 이런 종류의 감정을 지워버리라는 것. 어렵게 느껴지는가? 그렇지 않다. 실제로는 그리 어렵지 않으며, 얼마든지 가능하다. 넬슨 만델라가 이를 몸소 증명해 보였다. 남아프리카공화국의 인종차별 체제 아래 무려 27년간 감옥 생활을 했던 만델라는 원망이나 보복에 대한 열망을 키우지 않았다. 결국 감옥에서 풀려난 그는 남아공 최초의 흑인 대통령이 되었다.

큰 세계 정치 무대에서만 이런 태도가 필요한 것은 아니다. 사적인 삶에 있어서도 마찬가지다. 또 찰리 멍거를 소환해 보겠다. 1987년, 멍거는 눈 수술을 받았는데 담당 의사가 구식

수술법을 적용한 탓에 한쪽 눈을 잃고 말았다. 멍거는 시력이 좋아지는 대신 유리로 된 의안을 가지게 되었다. 그는 자서전에서 이 일에 대해 이렇게 언급했다.

"이는 모두 25년 전의 일이다. 더 나은 새로운 수술법이 개발되었으나, 나는 딱히 관심을 가지지 않았다. 나는 그저 자신이 아는 유일한 수술법이자 오래된 수술법을 추천한 의사의 말을 믿었다. 그의 이름을 여기에 언급하지는 않을 것이다. 그는 꽤 괜찮은 사람이었다. 잘못은 내게 있다. 그건 나의 책임이다."

어떻게 이럴 수가 있을까? 의사의 실수로 한쪽 눈을 잃게 되었는데도 일말의 원망조차 품지 않다니. 다시 한번 멍거의 이 말을 기억해라. "어떤 사람이나 상황이 당신의 인생을 망쳤다고 느껴질 때마다 되새겨라. 당신 인생을 망친 사람은 바로 당신이다."

그럼에도 원망의 감정을 버리지 못하겠는가? 그렇다면 철학적 성찰이 도움이 될 것이다. 스토아 철학자들은 세상을 바꿀 수 있는 것과 바꿀 수 없는 것으로 나누었다. 바꿀 수 없는 것에 대해 분노하는 것은 무의미하고 어리석은 일이다. 이 바꿀 수 없는 것에는 과거도 포함된다.

1972년 미국 대통령 선거에서 민주당 후보로 나온 조지 맥거번George McGovern은 공화당 대선 후보인 리처드 닉슨Richard Nixon에게 참패한 후, 자신의 대선 캠페인을 비판한 〈워싱턴 포스트〉 기자들을 향해 씁쓸한 심경을 밝혔다. 석 달 뒤 그는 신문 발행인에게 편지를 보냈다. 그 내용을 간단히 정리하면 다음과 같다.

"나는 지금의 감정 폭발을 후회하고 있으며, 내가 석 달 동안이나 원망을 품을 수 있다는 사실을 새삼 깨달았다. 나는 이제 선거에 얽힌 모든 적의를 내려놓고 싶다. 내가 어떤 사람을 피해야 하는지 일일이 기억하기란 너무나 힘든 일이다."

원망은 뇌의 에너지를 무섭게 소모한다. 원망의 감정을 완전히 버리지 못하겠다면, 유효기간이라도 설정해 두자.

어쩌면 여기서의 내용은 성경의 '용서하라'는 가르침을 떠올리게 할지도 모르겠다. 그런데 솔직히 말해 나에게는 용서보다 망각이 더 잘 통한다. 이를 위한 우리 가족만의 의식이 있다. 우리 부부는 매년 12월 31일에, 그 해에 우리의 마음을 아프게 했던 사람들의 이름을 종이에 적어 불태운다. 그러면 연기와 함께 원망스러운 마음도 날아가 버린다. 그리고 하나 더. 우리가 그 상황을 악화시키는 데 일조한 것을 최소한 한 가지라도 말한다. 멍거의 철칙을 본딴 우리만의 의식이다.

43
이념에 몰두해라

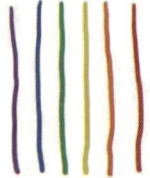

특정 종파에 가입하자. 사이비 집단에 들어가자. 전심전력으로 이념에 몰두하자. 마침내 당신은 모든 것을 설명해 주는 세계관을 발견하게 될 것이다. 선과 악, 전쟁과 탐욕, 탄생과 죽음에 이르기까지. 지금까지 살면서 온갖 고난을 겪은 당신에게 이제 운명은 훨씬 더 호의적일 것이다. 당신은 세상의 이치를 깨달은 극소수 중 하나다. 당신은 선택받은 사람, 깨우친 사람이다! 고매한 자리에 앉아서 내려다보자. 무지하고 가련한 평범한 인간들을. 이들은 아직 진리의 빛을 보지 못했으며, 어쩌면 앞으로도 영원히 보지 못할지 모른다. 혜안과 통찰을 지닌 소수에 속한 사람임을 드러내는 상징적인 복장을 갖추자. 히잡, 가운, 키파 모자, 마오 정장, 무지개 티셔츠, 형광 노랑 조끼, 트럭 방수포로 만든 가방 등.

지도자의 설교를 아직 다 이해하지 못했더라도 걱정할 필요 없다. '삼위일체', '환생', '계급 없는 사회' 같은 개념이 정확히 무엇을 의미하는지 몰라도 된다. 세미나와 워크숍, 수련회 같은 형식으로 약간의 세뇌를 받으면 될 테니. 지금까지 모은 전 재산을 내놓고, 남은 생애를 새로운 공동체에 바치자! 지도부에 들어가면 더 좋을 것이다. 규율을 반복해서 외울 수 있으니까. 규율을 자주 외칠수록 당신 뇌에 깊숙이 잘 새겨질 것이다. 눈 깜짝할 사이에 당신의 뇌는 오물 덩어리로 변하고, 삶은 처참함에 이르리라.

이성의 조용한 목소리

이데올로기Ideologie라고도 불리는 이념과 종교는 한 다발로 묶인 사상이다. 따라서 개별적이고 독립적이지 않다. 이념은 복잡하게 얽힌 사고 구조다. 진실이라서 살아남은 것이 아니라, 효과적으로 자기 복제를 하기 때문에 살아남았다.

이념은 스스로 과학보다 더 많은 것을 설명한다고 주장한다. 그래서 이념의 대부분은 허구다. 실험으로 검증된 것이 거의 없다. 가령 '내세'의 존재를 어떻게 입증할까? 우리 모두가 '산 제물'이라는 주장에 어떻게 반박할까? 불가능하다! 예전에 나는 통일교 신봉자를 만난 자리에서 그의 비현실적인 신념에 대해 의문을 표한 적이 있다. 그는 "그게 현실과 신앙의 차이지요"라고 답했다. "현실은 검증할 수 있다. 반면에 신앙은 믿어야 한다. 믿지 않으면 신앙이라고 부를 수 없다." 전형적인 순환 논법. 공격도 무의미하지만, 반박도 어리석다.

이념은 마치 바이러스처럼 움직인다. 일단 누군가 감염되면 역병의 확산을 막을 수 없다. '충분한 이성'을 미리 예방접종 하지 않는 한. 미국의 철학자 대니얼 데닛Daniel Dennett의 말처럼 "당신의 인생을 환상에 바쳤다는 말 외에, 예의 바르게 말할 방법은 없다."

모든 환상이 나쁜 것만은 아니다. 몇몇 환상은 인간이 평화롭게 공존하는 데 필수적이다. '돈'이 그렇다. 돈은 허구다. 우리가 돈이 가진 약속을 믿을 때에만 제 기능을 할 수 있다. 은행의 데이터 센터에 잠자고 있는 0과 1을 사실 그대로 드러내는 순간, 돈은 무의미해진다. '재산' 역시 그렇다. 자연은 재산 같은 건 모른다. '회사'나 '국가', '세계 질서'는 또 어떠한가? 모두 추상적 개념이다. '인권'은 또 어떠한가? 모든 인간은 진정으로 같은 '가치'를 지니는가?

'인간의 존엄'이란 무엇인가? 어디서 찾을 수 있는가? 아돌프 히틀러가 아프리카 부르키나파소에 대학을 세운 내 친구와 같은 존엄성을 지녔다는 말인가? 정말로? 아, 제발! 우리가 인간의 존엄을 믿는다 하더라도 질문은 멈추지 않는다. 그러면 인간의 존엄성은 언제 생기는가? 아기가 만들어질 때? 태어날 때? 아니면 그 사이 언젠가? 정확히 알 수 없어도 '인간의 존엄'은 우리가 붙잡아야 할 필수적인 허구다.

우리가 믿는 것의 대다수는 허구지만 유익하다. 그렇다면 사이비 종교를 믿는 것도 나쁘지 않은 선택일 터. 지금보다 더 행복해질 수 있지 않은가. 맹목적 신앙은 일상의 버팀목이 되어주기도 한다. 그런데 유익한 허구와 무익한 허구를 어떻게 구분한단 말인가?

  내가 추천하는 방법은 다음과 같다. 모든 이념과 종교, 허구적 개념을 이성과 풍자라는 두 가지 '산성 욕조'에 차례로 담가보는 것. 그리고 스스로에게 질문을 던져보는 것이다. 이 이념 안에서 진실을 말하는 것이 허용되는가? 농담을 던질 수 있는가? 유머와 조롱을 넘길 수 있는가? 만약 답이 '아니오'라면 당장 손을 떼라! 그렇게 걸러진 것들만 남기고, 이제 스스로 결정해라. 무엇을 의식적으로 받아들일지, 무엇을 의식적으로 거부할지. 아마 그 이후로는 신도, 인권도, 공산주의도 100퍼센트 믿기는 어려울 것이다. 당신이 아무리 진심으로 믿고 싶어 할지라도. 그것이 바로 깨우침의 매력이다. 유익한 허구임을 알면 그것을 밝은 빛 속에서 받아들일 수 있는 것. 비록 그것이 세상을 밝히는 진리가 아닐지라도 말이다.

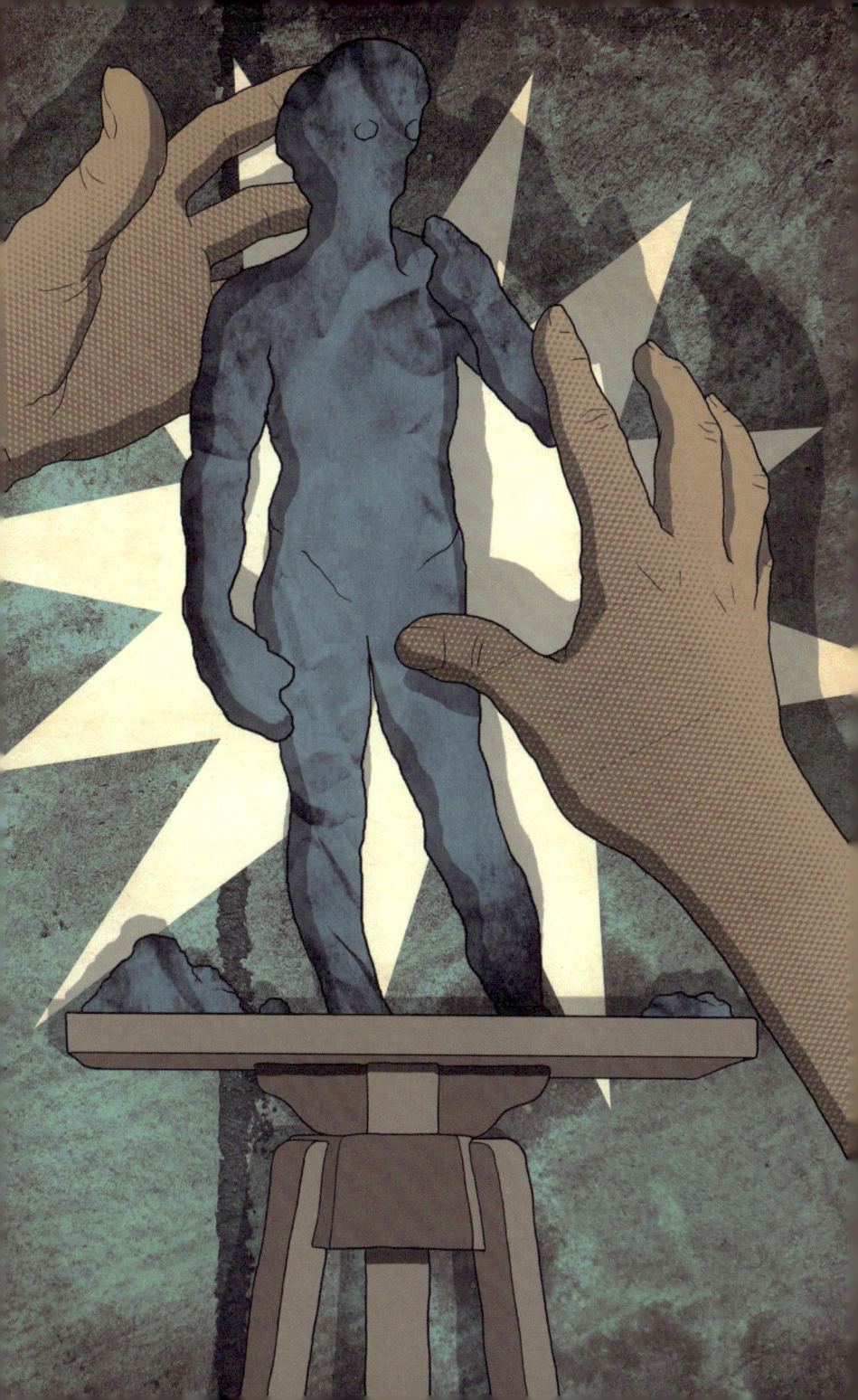

44
타인을 바꾸려고 애써라

완전히 가망 없는 시도를 감행하며 인생을 허비하고 싶은 당신에게 추천하는 아주 좋은 방법이 하나 있다. 바로 다른 사람을 바꾸려고 애쓰는 것이다. 나쁜 남자 혹은 나쁜 여자와 연애하고 결혼해라. 그러면 당신이 구원자가 될지니! 그런 다음 아이가 태어나면, 아이는 나의 복제본이 되게 양육하자. 같은 관심사, 같은 강점, 같은 성격을 지닌 사람으로.

   직장에서도 당신의 마법 같은 힘을 발휘해라. 묵묵히 자기 일을 하며 훌륭한 성과를 내는 신중한 사람을 모험을 즐기는 전사로 바꿔보는 것이다. 회계 담당 직원을 판매 부서로 보내고, 그래픽 디자이너를 IT 개발 부서로 보내자. 이렇게 하면, 날마다 돌을 굴리며 영원히 산을 올라야 하는 시시포스Sisyphus가 자기 팬클럽에 받아줄 것이다.

이성의 조용한 목소리

자신이든 타인이든, 인간이 다른 인간의 성격을 바꿀 수 있을까? 수백 년의 경험이 쌓인 지혜의 보고, 세계 문학에서는 뭐라고 말할까? 의심할 여지 없다. 불가능하다! 다음의 두 가지 예를 보자.

톨스토이의 명작 《안나 카레니나》를 보면, 주인공은 귀족 여성에게 기대되는 사회적 규범에 자기를 맞추려고 노력한다. 하지만 모두 헛수고로 돌아간다. 결국 그는 달리는 기차에 몸을 던진다. 괴테의 걸작 《젊은 베르테르의 슬픔》에서는 주인공이 자신의 우울한 성격으로는 로테와 함께할 수 없음을 깨닫고, 온갖 시도를 해본다. 이사를 가고, 예술 작업에 몰두하고, 자연에 기대어 구원을 찾고. 이 얼마나 낭만적인가. 하지만 아무런 소용이 없었다. 끝내 그는 총으로 목숨을 끊는다.

과학에서는 어떻게 볼까? 인간의 성격을 (상당히) 독립적인 다섯 가지 차원으로 설명하는 이른바 '빅 파이브 Big Five' 이론에 따르면, 성격을 구성하는 기본 특징 다섯 가지는 각각 맞상대가 있다. (1) (새로운 경험에 대한) 개방성 대 폐쇄성, (2) 성실성 대 불성실성, (3) 외향성 대 내향성, (4) 친화성 대 비사교성, (5) 정서적 안정성 대 신경성. 이 다섯 가지 차원의 연속선상에서 우리는 자신을 바꿀 수 있을까? 가능은 하지만 변화는 무척 더디며 엄청난 노력을 들여야 한다.

내향적인 사람은 조금 더 외향적으로 행동함으로써 약간 더 외향적인 사람이 되기로 결심할 수 있다. 에베레스트산을 등반하는 것처럼 느껴지더라도 작은 파티를 열어 사람들을 초대할 수도 있다. '될 때까지 그런 척하면 된다Fake it till you make it'란 모토를 따르면서. 전문 용어로는 행동 치료다. 끝없이 느리고, 속이 답답할 정도로 더디지만, 그래도 불가능하진 않다.

그런데 타인은 상황이 다르다. 당신은 다른 사람의 성격을 바꿀 수 없다. 외부의 동기, 격려, 자극, 압력 등 모두 다 소용이 없다. 따라서 사람을 바꾸려는 노력을 하지 마라. 무조건 당신이 지는 게임이다. 당신이 잘 다룰 수 없는 사람은 차라리 다른 사람으로 대체하거나, 아니면 그 상황에서 벗어나는 것이 훨씬 더 효율적이다.

물론 직장 같은 환경에서라면 이는 비교적 수월하지만, 연인 관계나 부부 관계, 친구 관계에서는 무척 어려운 일이다. 찰리 멍거는 다음과 같이 경고한다. "비참한 인생을 원한다면 상대방을 바꿀 의도를 가지고 그와 결혼해라." 당신이 이미 결혼을 한 상황이라면? 배우자의 고유한 특성을 받아들이든지, 아니면 결혼을 끝내든지 해야 한다. 자녀의 경우는 더 어렵다. 아이와는 헤어질 수 없으니 말이다. 따라서 관용이 유일한 선택지다. 부모가 자녀를 사랑한다는 것은, 결국 아이의 괴팍함까지 끌어안는다는 뜻이다. 아이에게는 그렇게 해석된다.

그나마 한 가지 예외가 있다면, 또래 집단을 바꾸는 경우다.

이럴 땐 사람의 성격도 약간 바뀔 수 있다. 다만 안타깝게도 이 방법은 특정 나이까지만 가능하다. 예를 들면, 청소년기에 학교를 옮긴 아이에게서 뚜렷하게 나타난다. 갑자기 새로운 곳에서 새로운 친구를 사귄 아이는 그곳 아이들과 비슷해진다.

우리는 왜 이렇게 다양한 성격을 가진 걸까? 이는 진화의 결과다. 환경은 끊임없이 변하고, 종種의 생존을 위해서는 다양한 특성이 필요했다. 모든 식물이 같거나, 모든 동물이 같았다면? 이미 오래전에 멸종했을 것이다. 우리 인간도 마찬가지다. 우리가 모두 같은 성격을 가지고 있었다면, 그래서 문제에 접근하는 방식이 같았다면, 우리는 지금껏 살아 있지 못했을 것이다.

그런데 하나 더. 우리는 왜 이렇게 답답할 정도로 잘 변하지 않는 걸까? 이것 역시 이유가 있다. 우리는 타인의 행동을 예측할 수 있을 때에만 효율적으로 협력하고 안정된 관계를 맺을 수 있기 때문이다. 공동체의 존경받는 구성원이 되려면, 우리는 거의 노예처럼 일관성을 유지해야 한다. 그리고 우리 대부분은 이미 그렇게 살고 있다.

결론은 이렇다. 성격의 결함을 개선하는 것은 고귀한 목표다. 하지만 자기 자신에게만 국한해라. 그것만으로도 우리가 할 일은 충분하다.

45
내 생각은 말이야

무슨 생각을 하는지 늘 말하고 다니자. 자유롭게 표현하자! 완전히 솔직하게, 숨김없이, 개방적으로 쏟아내자. 배우자와 자녀, 친구와 동료, 상사와 이웃에게. 그리고 공공장소에서도. 진정성은 경계를 모른다. 당신 머릿속을 뒤집어서 바깥으로 털어내고 혼돈에서 벗어나자.

누군가는 당신을 좋아할 것이고 또 다른 누군가는 당신을 싫어할 것이다. 하지만 신경 쓸 필요 없다. 당신만 후련해질 게 아니라, 다른 사람들도 그 후련함을 누릴 수 있게 하자. 당신의 솔직함으로 인한 혜택을 주변 사람들도 누려야 하지 않겠는가. 상대방에 대해 어떻게 생각하는지 여과 없이, 꾸밈없이, 솔직하게 터놓고 말하자. 기차 옆자리에 앉은 사람이나 마트 계산대의 점원 또는 자녀의 교사 등 주변 사람들이 지금보다 더 나은 삶을 위해 스스로 할 수 있는 일은 넘치도록 많다. 그러니까 사람들을 슬쩍 계몽해 주자! 이렇게 당신은 조금이라도 더 나은 세상을 만드는 데 개인적으로 일조하게 된다. 대신 당신의 인생이 많이 피곤해질 것이다.

이성의 조용한 목소리

"인간은 진실을 감당할 수 있습니다." 잉게보르크 바흐만이 한 시상식에서 한 말이다. 그럴지도 모른다. 하지만 적정 용량이 있다. 대통령이나 CEO가 대변인을 두는 이유가 있다. 이 책을 읽고 있는 당신 또한 바깥 세계와 접촉할 때에는 자신의 대변인이 되어야 한다. 일종의 동군연합(한 군주가 두 개 이상의 국가를 다스리는 형태)이다. 이 역할을 전문적으로 그리고 호의적으로 수행하자. 공식 대변인은 자신이 알고 있거나 생각하는 모든 것을 공개적으로 떠들지 않는다는 사실을 누구나 알며 이해한다.

"살이 좀 빠졌구나, 훨씬 좋아 보인다!" 또는 "적어도 노력은 했잖아!" 같은 말은 좋은 의도를 가지고 있을지도 모른다. 그렇다 해도 쓰지 말자. 말은 적게 할수록 좋다. 대신 귀담아듣자. 그게 더 흥미롭다. 자신의 입장은 이미 알고 있지 않은가. 다른 사람에 대해서 어떤 생각을 가지고 있는지는 절대로 말하지 말자. 혹여 상대방이 노골적으로 요구하더라도 말이다. 비판해도 괜찮다고 해서 비판에 잘 대처할 수 있다는 뜻은 아니다. 관계의 끈은 한 번 끊어지면 다시 묶기는 무척 어렵다. 한 번 내뱉은 말은 절대 다시 주워 담을 수 없다. 솔직함보다 배려를 우선시하자. 이는 아주 오래된 규칙으로, 당신이 공들여 쌓아 올린 인간관계의 성이 폐허로 변하지 않도록 보호해 준다.

상대방의 얼굴에 대고 그의 약점이 무엇인지 적나라하게 말하는 순간 문제가 발생한다. 상대가 상처를 받으면 당신은 죄책감을 느끼게 되며, 자동으로 상담심리사가 의무를 떠안게 된다. 따라서 불쾌감을 주는, 모욕적인 발언은 되도록 자제하자. "그런 의도가 아니었다"고 할지라도. 다 큰 성인을 가르치는 것은 당신의 임무가 아니다.

가까운 친구 사이에서도 배려가 필요하다. 부부 사이에서도 마찬가지다. 세상에 나보다 더 재미있는 남자가, 나보다 더 매력적인 여자가 많다는 것을 스스로도 알고 있다. 그런데도 아내가 멋있어 보이는 다른 남자들에 대해 간간이 말한다면, 혹은 남편이 매력적으로 느끼는 다른 여자들에 대해 지속적으로 말한다면, 그 관계는 금세 낭떠러지로 굴러 떨어질 것이다. 부부 모두 이 지구상에 다른 잠재적 동반자가(그것도 상당히 매력적인 누군가가) 있었을지도 모른다는 것을 알고 있다. 괜히 서로 상처를 주면서 뭘 얻겠다는 건가?

2022년 독일어권에서 매우 인상적인 서간書簡 문학이 하나 발표되었다. 바로 연인 사이였던 잉게보르크 바흐만과 막스 프리쉬가 주고받은 편지를 모은 작품으로, 780쪽에 걸쳐 300통의 편지가 담겨 있었다. 1959년에 쓴 처음 몇 통의 편지를 보면, 두 사람이 서로에게 전적으로 솔직할 것을 굳게 약속하는 모습이 보인다. 하지만 마지막으로 주고받은 편지를 보면, 서로에 대한 오해와 비난이 산더미처럼 쌓여 있다. 두 사람의 관계는 비극이 되어 진저리나는 이별로 끝을 맺는다.

문학은 완전한 개방성과 솔직함을 여러 차례 그려냈다. 극작가 에드워드 올비Edward Albee의 희곡 《누가 버지니아 울프를 두려워하랴?》는 이를 잘 보여주는 최고의 작품이다. 중년의 부부인 마사와 조지는 한 젊은 부부를 초대한 자리에서 서로에 대한 가혹한 진실을 가차 없이 털어놓는다. 두 사람은 서로를 찌르고 관계의 상처를 마구 파헤친다. 다시는 치유할 수 없을 때까지.

완전한 투명성은 모든 관계를 깔끔하게 박살 낸다. 사적인 관계는 물론이고 공적인 관계와 직장 내 관계도 마찬가지다. 버크셔 해서웨이는 역사상 가장 큰 성공을 거둔 지주회사다. 회장인 워런 버핏은 매년 공식적인 주주 총회를 간단히 마치고 나면, 청중의 질문에 일일이 답을 하며 몇 시간을 보낸다. 여기서 어떤 질문을 해야 할까? 이에 대해 버핏은 명확한 경계를 설정한다. "우리가 무엇을 사려고 하는지 또는 무엇을 팔려고 하는지는 물어보지 마십시오. 정보가 공개되어 있더라도 우리가 어떻게 결정을 내리게 되었는지 말해줄 수는 없으니.

우리는 정치에 대해서도 이야기하지 않습니다. 다른 모든 주제는 괜찮습니다."

당신의 일상에서도 이처럼 명료한 소통의 규칙을 세워야 한다. 진정성을 맹목적으로 신봉하지 말자. 모든 관계마다 자신에 대해 어디까지 공개하고 싶은지 명확한 경계를 설정하자. 극단적으로 솔직하고, 전적으로 개방적인 대화는 오로지 자기 자신과의 대화뿐이어야 한다.

46
가능한 모든 일을 동시에 해라

사는 동안 성취를 가능한 한 적게 이루고 싶은가? 그렇다면 여러 작업을 동시에 하는 멀티태스킹Multitasking을 권한다. 일찍이 대학생 때부터 시작하자. 공부하는 동안 다양한 경로를 통해 쉬지 않고 잡담을 나눠라. 그러면 당신 머릿속에 남는 것은 하나도 없을 것이다. 이후 취업해서는, 일터에서 수십 개의 프로젝트와 작업을 동시에 처리하면서 날마다 정신없이 지내자. 이 모두를 한꺼번에 시작해서 아무것도 끝맺지 마라. 당신의 시간과 에너지를 쓸데없이 소모하자! 이 작업에서 저 작업으로 분주하게 오가며 간신히 하나씩 처리하고, 어디서든 그저 그런 평범함을 뽐내자.

줌으로 화상 회의를 하는 동안 뉴스 기사를 읽거나 이메일을 확인하자. 아무도 알아채지 못할 것이다. 다른 줌 회의 참여자들도 똑같이 그러고 있다. 이메일에 답을 하는 동안에는 전화 통화를 하자. 저녁을 먹는 동안에는 휴대 전화를 꺼내 왓츠

앱에 들어온 메시지를 빠르게 훑어보자. 당연히 이 정도는 허용선이다! 아, 여행도 있다, 무언가를 경험하기 위해서가 아니라 사진을 찍고 소셜 미디어에 글을 올리기 위한 목적의 여행.

멀티태스킹을 통해 당신은 많은 것을 성취하게 된다. 피상적인 관계, 흔해 빠진 보고서, 대체 가능한 능력, 아무짝에도 쓸모없는 사람. 최악의 인생을 위한 최고의 전제 조건 아닌가!

이성의 조용한 목소리

우리의 몸은 자동적으로, 그리고 무의식적으로 수천 가지의 일을 동시에 수행한다. 우리가 두 다리로 균형을 잡고 세상을 살아가는 동안 우리 몸은 먹을 것을 소화하고, 세포를 생성시키고, 바이러스와 박테리아를 싸워 죽이고, 상처를 치유하며, 신체를 성장시킨다. 눈으로는 보고, 입으로는 숨 쉬고, 코로는 냄새를 맡고, 손으로는 만지고, 머리로는 느낀다. 이 모든 게 동시에 일어난다. 생물학적 관점에서 보면 인간은 멀티태스킹에 능한 천재다.

문제는 우리가 의식적으로 수행하는 활동에서 시작된다. 지금 우리는 멀티태스킹이라는 전염병의 희생자가 되었다. 사람들이 이토록 많은 일을 동시에 처리하려고 시도한 적은 지금껏 없었다. 과거에는 불가능한 일이었다. 물론 중세의 농부는 쟁

기를 끌면서 동시에 소와 대화를 나누었을 수도 있다. 소가 대답할 리는 없었을 테지만 말이다. 기술의 발달 덕분에 오늘날 우리는 동시에 여러 가지 일을 할 수 있게 되었다. 당신은 운전하면서 음악이나 팟캐스트를 들을 수 있다. 최면 훈련에 관한 내용을 듣는 것이 아니라면 별로 문제가 되지 않는다. 요리를 하면서 전화로 물리 치료 일정을 잡을 수도 있다. 덕분에 소스에 소금을 들이붓게 될지도 모르지만, 그냥 그러려니 하자.

우리는 일을 동시에 '처리'할 수는 있으나, 그 무엇도 동시에 '창조'할 수는 없다. 처리와 창조 사이에는 매우 큰 차이가 있다. 처리는 이른바 저강도 활동에 속한다. 무언가를 창조하는 일은 고강도 활동으로 거기에 완전히 몰입해야 한다.

저강도 활동이란 우리가 특별한 성취를 요하지 않는 일로, 예를 들면 양치질이 있다. 이런 일은 단순히 우리 일상의 일부일 뿐이다. 오디오북을 들으면서 양치질을 한다? 이것 자체가 멀티태스킹이지만 별문제가 되지는 않는다. 양치질로 세계 1등을 할 것은 아니지 않은가.

반면에, 미국의 컴퓨터 과학자 칼 뉴포트Cal Newport가 '딥 워크Deep Work'라고 부른 고강도 활동은 다르다. 이는 완전히 새롭거나 최고 수준의 성취를 노리는 일이다. 해당 분야에서 지금까지 이룬 성과보다 훨씬 더 나은 것이 나와야 한다. 전 세계 그 누구보다 생산성이 높다면 더할 나위 없이 좋고. 따라서 집중하고 깊이 들어가야 한다.

딥 워크는 기본적으로 멀티태스킹을 할 수 없다. 멀티태스킹은 무언가 새로운 것 또는 뛰어난 것을 창조하는 데 반드시 필요한 주의력을 분산시키기 때문이다. 왜 그럴까? 하나의 일에서 다른 일로 넘어갈 때마다 이전 작업의 여운이 남아 주의력이 빠르게 전환되지 않기 때문이다. 이러한 현상을 일컬어 '주의 잔류Attention residue'라고 한다. 예를 들어, 까다로운 문제의 해결책을 찾기 위해 안간힘을 쓰다가, 잠시 뉴스 사이트에 들러 1분 정도 머물렀다. 이제 당신의 뇌는 다시 문제 해결에 온전히 집중하기까지 10분이 걸린다. 뉴스에 간 신경이 돌아오는 데 시간이 걸리기 때문이다. 이와는 달리 한 가지 일에 시종일관 머무르면, 마치 그 일이 영원히 지속되는 것처럼 느껴지기도 한다. 궁극적으로는 이 편이 훨씬 더 효율적이다. 주의 잔류를 최소화하기 때문이다.

가장 강력한 주의 잔류는 절반 정도 마무리한 작업에서 비롯되는데, 이는 끊임없이 우리의 의식 속으로 밀려 들어온다. 주의 잔류를 연구하고 이 개념을 처음으로 확립한 미네소타 주립대학교의 소피 리로이Sophie Leroy 교수는 다음과 같은 결론을 내린다. "아직 처리되지 않은 작업이 있을 때 당신의 주의를 다른 쪽으로 돌리기는 어렵다. 이는 당신의 할머니가 항상 하던 말을 뒷받침하는 과학적 증거다. 한 가지씩 차례대로 해라!"

사소한 조언을 하나 건네자면, 한 가지 서류를 두 번 이상 집어 들지 말자. 이메일도 마찬가지다. 이메일을 여는 순간, 단

숨에 답장을 보내거나 삭제하기로 자기 자신과 약속하자. 아울러 내 경험에 따르면, 이메일은 내용이 한 줄도 표시되지 않도록 설정하는 것이 좋다. 다시 말해서 미리 보기 기능을 해제하라는 뜻이다. 그렇지 않으면 당신의 생각이 이미 다른 어딘가에 가 있을 위험이 높아진다.

47
피상적으로 일해라

바로 앞에서 말한 멀티태스킹과 비슷하게 파괴적인 행동 양식이 하나 더 있다. 실패를 거듭하고 싶다면 부디 마음에 깊이 새겨라. 바로 피상적으로 일하는 것이다. 집중은 너무 힘들고 피곤하고 성가시다. 독창적이기는 매우 어렵고 해야 할 것도 많다. 왜 고생을 사서 하나? 강도를 몇 단계 낮추면 될 것을. 대체로 별다른 부담을 주지 않는 작업만 수락하자. 생각도, 말도, 행동도 대충대충 하자. 깊이 따위는 귀찮기만 하다.

이성의 조용한 목소리

이와 반대로 더 나은 삶을 원한다면 다음처럼 할 것을 권한다. 가능한 한 많은 활동을 저강도 모드에서 고강도 모드로 전환하자. 왜 그래야 할까?

첫째, 날카로운 레이저처럼 집중하면 일을 훨씬 더 빠르게, 더 뛰어나게 할 수 있기 때문이다.

둘째, 그러면서 당신만의 전문 영역을 공고히 다지게 되고, 시간이 흐르면서 언젠가 대가의 경지에 오를 수 있기 때문이다. 대가의 경지에 오르면 글로벌 경제에서 평균을 월등히 뛰어넘는 소득이 보장된다.

그리고 셋째, 집중하는 삶이 훨씬 더 재미있기 때문이다. 저강도의 삶은 말 그대로 끔찍하다.

그러면 어떻게 고강도 활동에 한 걸음 더 깊이 들어갈 수 있을까? 다음의 세 가지를 명심하자.

첫 번째, '피상적인 작업Shallow work'을 최대한 줄이자. 다시 말해, 지적 노력이 크게 필요하지 않은, 얕은 집중력으로도 수행할 수 있는 일들은 일정에서 지우거나 다른 사람에게 맡기는 것이다. 당신이 몸 담고 있는 분야에서, 아직 전문 교육을 받지 않은 유능한 대학 졸업생이 이 일을 할 수 있도록 하는 데 필요한 교육 시간이 얼마나 될까? 스스로에게 질문해 보고 '몇 주'라는 답이 나온다면, 당신은 그 일에서 벗어나야 한다. 그러면 당신은 '딥 워크'에 더 많은 시간을 쏟을 수 있다. 즉 당신이 제일 잘할 수 있는 심도 깊은 작업에 몰입할 시간을 얻게 되는 것이다.

회의 참석, 보고서 작성, 행정 처리는 직장에서 볼 수 있는 대표적인 '피상적인 작업'이다. 이러한 업무는 가능한 한 최소화하고, 도움이 된다면 AI 도구를 활용하자. '딥 워크'를 위한 시간을 충분히 확보하자. 휴대폰 일정 관련 앱이나 책상 위 달력에 바꿀 수 없는 고정된 일정으로 확정해 놓자.

두 번째, 방해하는 것들을 허용하지 말자. 일에 집중하는 동안 어떤 전화는 받고 어떤 전화는 받지 않을지, 자신만의 규칙을 만들고 휴대폰에 설정해 놓는 것이 대표적이다. 나 같은 경우는 집중 모드일 때는 가족과 직원의 전화만 허용한다. 그 외에 모든 전화는 이메일이나 문자 메시지를 남겨달라는 음성이나 문자 안내가 나간다. 스마트폰과 컴퓨터의 모든 알림을 끄자. 신호음도, 진동도, 반짝이는 불빛도 안 된다. 당신의 휴대전화와 컴퓨터를 누구의 방해도 받지 않는 무풍지대로 만들자.

독서처럼 겉으로 단순해 보이는 일도 절대적인 주의와 집중을 필요로 한다. 미국의 작가 필립 로스Philip Roth는 한 인터뷰에서 이렇게 말했다. "집중, 초점, 고독, 침묵 등 진지한 독서에 필요한 모든 것들에 이제 사람들은 더 이상 다다를 수 없다." 로스가 틀렸음을 당신이 증명해 보이자! 로스의 동료인 영국 작가 이언 매큐언은 이렇게 말했다. "나는 독서를 진지하게 여긴다. 책을 읽을 때 나는 전화를 받지 않는다. 내가 어렸을 때 책을 읽고 있으면 사람들은 아무것도 하지 않는다고 생각하며 내게 말을 걸었다. 코트에서 테니스를 치고 있는 사람에게 가서 말을 건네는 사람이 있는가? 독서도 테니스만큼이나 중요하다."

세 번째, 온전히 집중하고 온전히 주의를 기울이며 온전히 초점을 맞추자. 남들이 겉으로 보기엔 넋이 나간 것처럼 보일지라도. "찰리는 엄청난 집중력을 가지고 있다." 찰리 멍거의 한 친구가 멍거를 두고 한 말이다. "찰리는 집중하면 다른 모든 것은 잊는다." 전기 작가 앨리스 슈뢰더Alice Schroeder도 멍거에 집중력에 대해 다음과 같은 일화를 전했다. "멍거는 사람들이 말을 할 때 마치 듣지 못한 것처럼 택시에 타거나, 말을 마치자마자 대답을 기다리지 않고 문 밖으로 사라지는 것으로 유명했어요."

미국의 32대 대통령 시어도어 루스벨트Theodore Roosevelt의 집중력은 '루스벨트 스프린트Sprint'로 불릴 정도였다. 그는 마치 단거리 질주를 하듯이 몇 분에서부터 한 시간까지 집중적으로 주의를 기울이며, 그동안에는 어떤 반응도 보이지 않았다. 그런 다음 짧게 휴식을 취하고 다음 스프린트에 들어가곤 했다.

힉스 입자Higgs boson를 발견한 물리학자 피터 힉스Peter Higgs는 연구 작업에 너무 깊이 몰두한 나머지 노벨상을 수상한 후에도 언론이 그를 찾을 수 없을 정도였다. 빌 게이츠Bill Gates는 젊은 시절 "너무 집중적으로, 그리고 오랫동안 작업에 몰두한 나머지 코드를 작성하는 도중 종종 키보드 위에서 잠이 들었다"고 한다. 그는 "한두 시간 자고 일어나 직전에 중단한 곳에서부터 다시 작업을 이어갔다"라고 말했다. 자신의 주의력과 집중력을 관리하는 것 또한 더 나은 인생을 꾸려가기 위한 핵심 요소다.

48
주변에 이상한 사람을 두어라

　자연을 보자. 참으로 다양한 모양과 색상의 식물이 있다. 화려한 것, 수수한 것, 향기가 나는 것, 악취가 나는 것, 달콤한 것, 가시가 있는 것 등. 관리가 쉬운 것도 있으며, 뽑아도 뽑아도 자라나는 잡초도 있다. 인간도 마찬가지다. 식물처럼 다양한 사람이 있다. 이 얼마나 풍성한가!

　이런 다양한 사람들을 당신 인생에 초대하자. 자신의 유익을 위해서 모두 불러들이자. 당신 주변은 곧 다채로운 사람들로 가득 찰 것이다. 사이코패스부터 꿔다 놓은 보릿자루, 심리 조종사, 나르시시스트, 거짓말쟁이, 빚쟁이, 그리고 정신 나간 사람까지. 이들과 함께 당신의 인생을 훨씬 더 흥미진진하게 만들자. 아니면 단순히 선한 마음으로 불러들여도 좋다. 어떤 부류의 사람이든 모두 도와주고 싶다는 마음으로, 지극히 까다로운 사람까지도 말이다. 의도가 어떻든 상관없다. 이상한 자들을 당신 인생에 더 많이 허락할수록 당신은 더 혼란스럽게 될 것이며, 인생은 견딜 수 없는 지경에 이를 것이다.

이성의 조용한 목소리

당신이 군용 잠수함의 수병이라고 상상해 보자. 80명의 다른 수병들과 함께 3개월 동안 물속에서 지내야 한다. 잠수함의 공간은 절대적으로 부족하다. 교대 근무에 침대도 공유해야 한다. 좁은 복도를 지나다가 다른 수병을 마주치면 서로 몸을 옆으로 돌려야 한다. 창문도, 개별 샤워실도, 사적인 공간도 없다. 휴대폰은 수신이 되지 않고, 무선 인터넷도 없다. 바깥 세계와 사적인 소통은 꿈꿀 수도 없다. 물론 잠수함에서 마음대로 내릴 수도 없다. 게다가 잠수함 엔진 소리는 어떻고! 상사의 거친 명령에 땀 냄새도 가득하다. 당신은 같이 근무할 동료 병사를 고를 수도 없다. 어떻게든 3개월 동안 그들과 어울려야 하는 것이 당신의 운명이다.

이에 비하면 지금 우리의 삶은 얼마나 편안한가! 그저 우리가 신선한 공기를 마시고, 휴대폰으로 얼마든지 연락을 주고받으며, 혼자서 깨끗한 침대를 쓸 수 있어서만은 아니다. 어울리고 싶은 사람을 선택할 자유까지 있다. 누구와 언제 어디서 얼마나 많은 시간을 보낼지 선택할 수 있는 것이다. 그렇기에 지금 우리는 답답하지 않은 것이다.

그런데 우리는 이 자유를 너무 누리지 못하는 경향이 있다. 우리의 신경을 건드리는, 우리의 길을 막아서는, 심지어 우리의 불행을 바라는 사람들을 상대해야 한다는 현실에 마주하면 우리는 종종 분노한다. 굳이 그럴 필요는 없는 데 말이다.

찰리 멍거는 이렇게 말했다. "많은 것과 거리를 두자. 사기꾼, 미친 사람, 이기주의자, 반감이 가득한 사람, 자기 연민에 빠진 사람, 피해 의식을 느끼는 사람 등. 모두 다 당신에게 이롭지 않다. 이들의 정체를 알아채고 전염병인 양 피하도록 하자."

특히 다음과 같은 유형의 사람은 가능한 한 멀리해야 한다.

첫째, 정신 이상자다. 이런 사람들은 세상이 자기를 속이려 든다는 생각에 사로잡혀 주변 사람들의 행동을 잘못 해석한다. 파울 바츨라비크는 아들에게 셔츠 두 벌을 선물하는 한 어머니를 예로 든다. 아들이 둘 중에 하나를 입자 어머니는 슬픈 얼굴로 묻는다. "다른 셔츠는 마음에 들지 않니?"

둘째, 다른 사람을 가스라이팅하는 자들이다. 이런 자들은 사실을 왜곡하고 죄책감을 느끼게 하여 타인을 희생시킨다. 예를 들어 이런 식이다. "우리의 성공에 정말로 관심이 있었다면 너는 결코 망설이지 않았을 거야." "내가 너를 위해 어떻게 했는데. 그 모든 일을 이런 식으로 갚는 거야?"

셋째, 나르시시스트다. 이런 사람들은 같이 있는 것만으로도 이른바 기가 빠진다. "나 같은 사람과 함께할 수 있다니 행운이라고 생각해!" 게다가 이런 자들은 상대에게 이렇게까지 말한다. "너는 왜 나처럼 하지 못하는 거야?"

넷째, 예측 불가능하고 변덕스러운 사람이다. 이런 사람들은 아침에는 이런 칭찬을 퍼붓는다. "어제 하신 발표, 정말 훌륭했어요! 점심 같이 먹어요. 제가 살 테니 맛있는 걸로 고르세요!" 하지만 점심시간이 되면 마음이 바뀐다. "아무래도 그럴 필요까진 없는 것 같아요. 제가 너무 크게 생각했나 봐요."

다섯째, 만성 불평꾼이다. 이런 자들의 끊임없는 부정적 태도는 주변 사람들의 사기를 떨어트리며 지치게 만든다.

여섯째, 다른 사람의 싸움을 유발하거나 보는 것을 좋아하는 드라마 작가 지망생 또는 직접 휘말리는 것을 좋아하는 말썽꾼이다.

일곱째, 경쟁에 병적으로 몰두하는 사람이다. 이런 사람들은 모든 일에 최고가 되어야만 한다. 모든 것을 경쟁으로 인식하기에 같이 있으면 피곤하다.

여덟째, 피해 의식에 너무 깊이 빠진 나머지 빠져나올 가망이 없는 사람이다.

아홉째, 은근슬쩍 계획을 방해하는 사람이다. 이런 사람들은 모든 게 다 무의미하다고 주장하며 상대의 노력을 깎아내린다. 예를 들면 이런 식이다. "소설은 무슨. 그런 쓸데없는 스토리 구성은 그만둬. 이제 아무도 소설을 읽지 않아."

열째, 평판이 나쁜 사람이다. 이런 사람들은 환상적인 모험과 그럴듯한 계획에 당신을 끌어들인다. 하지만 그 모험과 계획은 영영 날아가 버리고, 그도 당신도 함께 추락한다.

열한째, '선의의 저수지'가 없는, 다시 말해 평소 호의적 태도가 없는 사람이다. 이런 사람들과 함께하면 항상 처음부터 다시 시작해야 한다.

마지막으로 덧붙이자면 위선자, 거짓말쟁이, 사기꾼, 범죄자, 약물 중독자는 물론이고 정신분열증이나 조울증, 경계성 인격 장애 같은 병적인 진단을 받은 사람과도 거리를 두어야 한다.

당신은 지금 다행히도 잠수함에 갇혀 있지도 않고, 정신 병원에 붙잡혀 있는 것은 더더욱 아니다. 당신은 자유로우며, 누구와 함께 일하고 인생을 보내고 싶은지 마음대로 결정할 수 있다. 세상에는 대하기 힘든 사람도, 멋지고 훌륭한 사람도 많다. 인생이라는 여정을 함께할 좋은 동반자를 찾아보자. 사적인 생활에서도, 직장 생활에서도. 그들이 여러 면에서 뛰어나다는 걸 깨닫는 순간, 그들을 알아볼 수 있게 될 것이다. 당신보다 더 똑똑하고, 더 능숙하고, 더 정직하고, 더 겸손하고, 더 역동적인 사람들. 이런 사람들은 당신을 끌어올린다. 반대로 나쁜 사람들은 당신을 끌어내린다.

49
항상 경쟁해라

경쟁이 가장 치열하게 벌어지는 곳은 어디일까? 경력과 인생을 가능한 한 빠르게 진창으로 처박고 싶다면, 당신이 가야 할 곳은 바로 그곳이다. 백 번째 사모 펀드 회사를 설립하자. 잘나가는 상권에서 천 번째 주점과 만 번째 미용실을 개업하자. 항상 경쟁의 바람이 가장 거센 곳에 머물자. 그러면 당신은 초라한 수입을 가지고 분주하고 즐거움 없는 인생을 버티게 될 것이다.

매년 2만 명의 배우들이 할리우드에서 행운을 거머쥐기 위해 로스앤젤레스로 날아간다. 이런 사람들 가운데 성공하는 이는 약 20명 정도다. 당신도 이 희망의 행렬에 동참해 보자. 계산은 잘 못할지라도 연기는 확실히 잘할 것이다. 세계적인 테니스 선수가 되기 위해 모든 걸 걸어봐도 괜찮다. 학생 시절, 테니스로 친구들을 다 이겼다면? 충분히 로저 페더러 수준에 이를 것이다. 어쩌면 그보다 더 높은 수준에 이를지도 모르고.

최근 인기 있는 학문을 전공으로 삼아도 좋다. 경영학 석사MBA 학위를 딴다거나, 문예 창작과를 간다거나, 소셜 미디어 마케팅을 파고든다거나. 이런 분야는 학위를 따는 것도 힘들지만, 졸업하는 즉시 치열한 경쟁이 벌어지는 시장에 내던져진다.

사업가가 되고 싶다면, 앞에서도 말했듯이 최신 경향을 잘 파악해야 한다. 핀테크, 블록체인, 인공 지능 같은. 딱 봐도 처음부터 시장 환경과 고용 환경이 어려운 곳이다. 게다가 경쟁이 너무 치열한 나머지, 아래에서는 당신을 치고 올라오는 사람이 넘쳐나고, 위에서는 당신보다 더 좋은 조건을 가진 많은 사람이 이미 자리를 차지하고 있다.

홀로 경쟁하는 이른바 외로운 투사, 소셜 미디어 마케터도 비슷한 상황이다. 요즘 온라인에서는 수천 명에 달하는 준전문가 틱톡커가 활동하고 있다. 진입 장벽은 낮고 경쟁은 치열한 나머지 벌어들이는 돈이 예전 같지 못하지만, 여전히 이들과 이들의 직업은 선망의 대상이다. 유튜버, 사진작가, 저널리스트도 다르지 않다. 수백만이 넘는 라이프 스타일 코치 또는 소셜 작가는 어떠한가. 이쪽도 포화 상태다. 레스토랑을 여는 것은 어떨까? 외식업계의 경쟁은 더 불꽃 튀다. 수익은 눈곱만하고, 폐업률은 그 어느 업계보다 높다.

정리하면 이렇다. 불행한 인생을 원한다면 다른 모두가 하고 있는 일에 뛰어들자. 그래도 크게 잘못된 일은 아닐 것이다. 다들 하니까 말이다. 경쟁자가 흘러넘치는 들판에서 고군분투

하여 얻어내자. 직업도, 취미도, 배우자도.

이성의 조용한 목소리

다른 사람들의 행동에 따라 자신의 의사를 결정하는 경향을 일컬어 '소셜 프루프Social proof', 즉 사회적 검증이라고 한다. 우리는 많은 사람이 좇는 것을 따라서 좇는 경향이 있다.

미국의 투자가 피터 틸Peter Thiel은 이런 말을 했다. "많은 사람이 같은 일을 하려고 몰려드는 것은 종종 광기의 증거가 된다." 여기에 싸우기 위해 경쟁한다는 마초적 효과까지 더해진다. 이는 스포츠 경기와 같은 면모를 보이긴 하지만, 완전히 바보 같은 짓이다.

지적인 사람은 경쟁을 피한다. 워런 버핏은 이렇게 확신한다. "성공적인 삶의 비결은 경쟁을 덜 하는 것이다." 유전자 가위 기술을 개발한 노벨 화학상 수상자 제니퍼 다우드나Jennifer Doudna도 비슷한 맥락의 말을 했다. "저는 항상 같은 능력을 가진 사람들이 그다지 많지 않은 틈새를 찾아다녔습니다." 그러니 경쟁에서 벗어나자! 피터 틸은 이 말을 다소 날카롭게 표현한다. "경쟁은 패자나 하는 짓이다."

성공하지 못했는가? 꼭 당신의 능력이 부족해서, 또는 추진력이 모자라서 실패한 것은 아니다. 어쩌면 경쟁자가 넘치는 시장에 있기 때문일 것이다. 그럴 가능성이 높다. 그렇다면 그 안에서 허우적거리지 말고, 차라리 더 잔잔하고 작은 물길을 찾아 헤엄치자. 당신의 에너지는 자신만의 틈새를 찾는 데 쏟아야 한다. 자신이 최고가 될 수 있는 틈새를 찾는 데 에너지를 투자하자. 피터 드러커Peter Drucker나 로저 마틴Roger Martin 같은 경영의 대가이자 전략적인 사상가들의 저서를 다시 읽으며 무엇을 어떻게 해야 하는지 배우자.

예전에 헤엄치던 큰물을 그리워하지 말자. 아이러니하게도 경쟁은 쓸모없는 것이 걸려 있는 곳에서 특히 더 격렬하게 벌어지는 경우가 많다. 전 미국 국무장관이자 하버드대학교 교수를 역임한 헨리 키신저Henry Kissinger는 이렇게 말했다. "대학의 경쟁이 그토록 치열한 이유는 걸려 있는 판돈이 너무 적기 때문이다." 아르헨티나의 작가 호르헤 루이스 보르헤스Jorge Luis Borges는 이에 대해 아주 멋진 은유를 남겼다. "대머리 남자 둘이 하나의 빗을 두고 싸우는 꼴."

50
어떤 것이든
'좋다'고 말해라

언제 어디서 무슨 일이 생기든 항상 달려갈 준비를 하자. 한밤중에 누군가를 공항까지 태워다 주거나, 학교 축제에서 케이크 판매를 맡거나, 당신의 생일날에 남의 집 이사를 도와준다거나. 다른 사람의 빈약한 계획 때문에 발생한 빈틈을 대신 메우기 위해 발 벗고 나서자. 당신이 지금 얼마나 바쁜지, 스트레스에 얼마나 시달리는지 상관없이. 대화 상대가 필요한 친구나 동료에게 비상 연락처가 되어주자. 당신의 사심 없는 헌신을 다들 높이 평가할 것이다.

그리고 머지않아 이 모든 일은 당연한 일이 될 것이다. 당신이 그렇게 해주는 게 너무 자연스러운 나머지, 다들 당신을 의지하면서도 고맙다는 말조차 하지 않을 것이다. 당신의 시간을 한가득 나누어주자. 시간 억만장자인 양 아낌없이 퍼주자. "혹시 지금 나 좀 도와줄 수 있을까…?" 누군가 물으면 즉시 이렇게 답하자. "물론이지. 너라면 언제든!"

이성의 조용한 목소리

친구와 동료, 이웃을 위해 무언가를 함께하는 일, 심지어 낯선 사람을 도와주고 타인에게 자기 시간을 내어주는 일은 모두 훌륭한 행위다. 또한 우리 자신에게도 유익하고 의미 있는 일이고. 단 어느 정도까지만 그렇다. 구체적으로 말하자면, 당신의 시간을 무한정 내어주다가 자기 자신을 잃어버렸다는 것을 깨닫기 전까지다. 자신이 감당할 수 있는 것보다 더 많이 짊어지는 것은 스트레스를 받는 확실한 비법이다. 이는 자신에게도 좋지 않으며, 결국 다른 사람에게도 피해를 주게 된다.

나는 많은 사람이 자기 시간에, 특히 미래의 시간에 가치를 부여하지 않는 것을 볼 때면 매번 놀라곤 한다. 우리는 미래의 시간을 마치 공기처럼 무료로 얼마든지 사용할 수 있는 것처럼 취급한다. 우리의 모든 시간은 가치가 있다. 따라서 내 시간을 손해 보는 만큼 다른 것으로 채워야 한다. 이를 기회비용이라고 한다. 다시 말해서, 원 시간에 해야 할 일이 있는데 그렇지 못했을 시 대체 가능한 최선의 일, 차선의 가치를 따져봐야 한다는 뜻이다.

이 가치를 반드시 돈으로 계산할 필요는 없다. 새로운 사람을 만나거나, 더 깊은 깨달음을 얻거나, 가족들과 여행을 떠나거나, 아니면 한 30분 동안 가만히 누워서 구름을 살펴보는 것도 가치 있는 시간일 수 있다. 무엇이 당신에게 가치가 있는지는 스스로 결정해야 한다. 다른 사람에게 시간을 내어주기 전에, 그 시간에 당신이 대신 할 수 있는 최선의 일이 무엇인지 스스로에게 물어보자.

그런데 아주 먼 미래에 있는 시간대라면 이런 질문에 제대로 답을 하기가 어렵다. 반년 뒤, 혹은 1년 뒤의 미래에 예정된 저녁 식사, 강연, 회의 초대를 수락했다가 해당일이 점점 다가올수록 후회한 적이 한두 번쯤은 있을 것이다.

달력을 한번 보자. 아마 오늘로부터 1년 뒤의 달력은 거의 일정이 비어 있을 것이다. 1년 전에도 오늘 자 달력에는 아무것도 적혀 있지 않았을 터. 어떻게 해야 할까? 이렇게 해보자, 지금부터 1년 뒤까지 일정이 가득 채워져 있다고 가정하는 것이다. 그리고 시간이 있는지 문의가 들어오면 달력을 들여다보는 대신 그 약속이 당장 내일이라고 생각해 보는 것이다. 나는 내일 시간이 있는가? 내일 일정에 그 약속을 끼워 넣을 틈이 있는가? 기꺼이 응할 준비가 되어 있지 않다면 '아니오'라고 말하자.

워런 버핏은 이렇게 말했다. "성공한 사람과 정말 성공한 사람의 차이는, 정말 성공한 사람은 거의 모든 일에 '아니오'라고 답한다는 것이다." 버핏은 자기 직원들에게 일관된 지시를 내린다. 연설이나 기고 등을 요청하는 모든 제안은 거절하라고. 이런 요청은 종종 '질문은 괜찮지 않을까?' 같은 생각을 수반한다는 것이다. "간단히 '아니오'라고 말하면 우리 모두는 더 수월해진다."

이에 대한 팁을 하나 주자면, '5초 안에 거절하는 법'을 연습하는 것이다. 각각의 문의나 요청에 최대 5초를 내어주고, 이 짧은 숙고의 시간이 지나면 기본적으로 모두 "아니오"라고 말하는 것이다. 설령 그 문의가 명백히 중요하거나 완전히 이례적인 경우라 하더라도 말이다. 그리고 이렇게는 절대 대답하지 말자. "한번 생각해 볼게요." 정말 "아니오"라고 답하고 싶다면 '어쩌면', '아마도' 같은 말은 하지 말아야 한다. 그렇다고 무작정 "아니오"라고 하지는 말자. 명료하게, 전문적으로, 아울러 친절하게 말하면서 거절하는 이유를 확실히 말하자. 예컨대 이 정도로만 모호하게 말해도 다들 충분히 알아들을 것이다.

"제게 물어봐 주셔서 감사합니다. 하지만 제가 그날은 가족들과 시간을 보내야 해서요. 안타깝지만 요청에 응하기가 어려울 듯합니다."

우리는 왜 자신의 시간을 쓰는 것에 이토록 관대할까? 주된 이유는 우리가 협동하는 포유동물이기 때문이다. 혼자서는 아무것도 아니지만, 함께하면 우리는 무엇이든 해낼 수 있다. 우리의 협동 본능은 선천적인 것이다. 협동은 '눈에는 눈, 이에는 이' 같은 맞대응을 토대로 이루어진다(이를 영어로 '팃포탯Tit for tat'이라고 표현한다). 조금 부드럽게 표현하자면 '네가 나에게 하는 것만큼 나도 네게 베푼다'를 기본으로 삼는 것이다. 그런 까닭에 우리는 종종 경솔하게 다른 사람의 선의를 요구하는 경향이 있다.

"우리의 인생이 짧은 것이 아니라 우리가 인생을 많이 낭비하는 것이다." 로마의 철학자 루키우스 안나이우스 세네카 Lucius Annaeus Seneca는 2000년 전에 이렇게 말했다. 따라서 경계를 설정하자. 누군가 당신에게 내미는 막대기를 (서커스단의 동물처럼) 다 뛰어넘지 말자. 그리고 당신이 자주 사용하는 어휘의 맨 위쪽에 '아니오'라는 말을 올려놓자.

51
스마트 기기로
삶을 채워라

이번에는 마르쿠스의 집을 같이 둘러보자. 마르쿠스의 집은 진정한 기술의 신전이다. 최신상 갤럭시 폴드 옆에는 새로 나온 아이폰이 놓여 있다. 두 기기 모두 마르쿠스의 일상생활을 최적화하고 그의 생산성을 상상 이상으로 높이 끌어올리는 앱으로 가득하다. 거실 한가운데에는 초대형 4K UHD 텔레비전이 왕처럼 자리하고 있으며, 그 양옆에는 최신 콘솔 게임이 호위처럼 보좌하고 있다. 하나는 플레이스테이션 5이고, 다른 하나는 엑스박스 시리즈 X다. 구글 네스트 허브가 조명부터 온도까지 집 안의 모든 것을 제어한다. 주방 또한 최첨단 기술의 집약지다. 스마트 냉장고는 냉장고 안 재료들의 소비 기한을 확인하고 장보기 목록을 작성해 준다. AI 기능이 탑재된 인덕션은 요리를 아이들 놀이처럼 쉽고 재미있게 만들어주고. 이론적으로는 그렇다.

스마트 비서는 마르쿠스가 하고 싶지 않은 거의 모든 일을 수행해 준다. 그 대신 마르쿠스는 요새 시급한 기술적 문제를 해결하느라 저녁과 주말 시간을 다 쓴다. 기기 하나하나는 천재적이지만, 이들의 상호 작용은 마치 놀이공원에 간 유치원생의 행렬을 바로잡는 것과도 같다. 완전히 혼돈 그 자체다. 마르쿠스가 네스트 허브를 향해 명령을 내릴 때마다 잘못 인식되어 어처구니 없는 오작동이 일어나고, 그런 탓에 그의 어조는 점점 짜증스럽게 변해간다. 한여름에 난방이 최대 온도로 올라가고, 지능형 커피머신은 평소 마시던 룽고(추출 시간이 길고 양이 많은 에스프레소) 대신 리스트레토(추출 시간이 짧고 양이 적은 에스프레소)를 추출하며, 그의 휴대폰은 다양한 앱들의 소프트웨어 업데이트 요청이나 문제를 알리는 알림으로 끊임없이 진동한다. '전자 기기로 행복해지기'는 불행한 인생으로 가는 완벽한 전략이다.

이성의 조용한 목소리

마르쿠스가 겪고 있는 이런 현상을 '가제트 오류 Gadget fallacy'라 부르려고 한다. 다들 알다시피 영어로 가제트는 작고 유용한 도구라는 뜻인데, 요즘에는 독창적인 전자 기기나 장치를 말한다.

오늘날 우리는 기술이 삶을 획기적으로 단순화시킬 것이라는 환상에 빠져 있다. 가제트가 처음 세상에 등장한 지도 거의 40년이 되었다. 이런 유용한 도구들은 대부분 수명이 길지 못했다. 팜파일럿PalmPilot, 리얼플레이어RealPlayer, 세그웨이Segway, 구글 글래스Google Glass, 블랙베리Blackberry 등. 이와 같은 기술의 물결이 우리 삶을 더 단순하고 더 편리하게 만들었을까? 그렇지 않다. 오히려 그 반대다. 생산성은 어떨까? 더 높아졌을까? 역시나 미미하다.

따라서 나의 조언은 이렇다. 가능한 한 가제트의 가짓수를 제한하자. 가급적이면 모두 동일한 운영 체제를 사용하면 더 좋고. 최신 버전일 필요도 없다. 레이트 어답터Late adopter인 당신은 수많은 얼리 어답터Early adopter가 새로 나온 가제트와 기즈모Gizmo를 붙들고 초기 오류들과 씨름하는 모습을 흥미롭게 지켜볼 수 있다(기즈모도 가제트와 비슷한 뜻으로 쓰이는 스마트 기기의 일종이다). 스마트폰에 설치한 앱의 숫자도 최소한으로 줄이고, 꼭 필요한 것만 밖으로 내어두고 나머지는 폴더에 정리해 넣어두자.

'가제트 오류'는 소비에도 적용된다. 별장에서부터 캠핑카, 신발, 옷가지, 집 안의 온갖 잡동사니, 그리고 스포츠 및 레저 장비에 이르기까지. 이 모든 구매 물품은 당신의 인생을 더 즐겁게, 더 안락하게, 더 쉽게, 더 길게, 더 아름답게, 더 행복하게 만들어줄 거라고 약속한다. 하지만 실제로는 몇 시간 또는 며칠 동안만 그러다가 만다. 당신은 쇠공을 끌고 다니는 죄수처럼 이런 것들을 질질 끌고 다닐 것이다.

우리 옆집 사람은 산악 리조트 마을에 별장을 하나 장만했다. 아이들 방학 때마다 산에서 시간을 보내면 좋을 것 같았기 때문이다. 겨울에는 스키를 타고, 여름에는 등산을 하고. 직접 이용하지 않는 기간에는 에어비앤비처럼 활용해 별장 구매에 든 대출금의 이자를 충당할 생각이었다. 언뜻 생각하기에 좋아 보였다. 하지만 막상 실행하고 나니 별장은 골칫덩이가 되었다. 주말마다 그의 어머니는 별장까지 세 시간을 달려간다. 집을 빌린 사람에게서 열쇠를 되돌려받기 위해서다. 어디 그뿐이랴. 열쇠를 돌려받으면 새로 집을 빌린 손님을 위해 청소를 해야 한다. 청소가 끝나면 다시 집으로 세 시간을 운전해 돌아와야 한다. 이 세 시간도 그나마 길이 막히지 않았을 때다.

왔다 갔다 하는 것 말고도 처리해야 할 서류와 일이 넘쳐난다. 대출 이자 갚기, 임대 계약 체결, 전기 공급, 수도 사용, 난방 문제, 세금 납부 등. 별장으로 향하는 모든 여정은 상쾌한 산 공기를 마시며 근심 없이 달려가는 여행길이 아니라 시시포스의 고행과도 같다. 물론 고용인을 두는 방법도 있을 수 있다. 그러면 또 사람 쓰는 비용이 너무 나가니 집을 빌려준 의미가 없어진다.

여러 연구에서 분명히 밝혀졌듯이, 더 많이 소유한다고 해서 더 행복해지는 것은 아니다. 내가 얼마나 많이 가졌든지 간에 항상 나보다 더 많이 가진 사람이 있다. 그걸 보면서 우리는 끝없는 질투의 소용돌이에 갇힌다. 더욱이 가장 핫한 최신상을 향한 초기의 열정은 마치 초콜릿 쿠키를 먹고 난 다음의 혈당 스파이크와도 같다. 즉 급속도로 치솟았다가 급격하게 떨어진다. 이제 남은 것은 더 많이 가지기 위한 쉼 없는 매진뿐이다. '쾌락주의 쳇바퀴'에 오른 것을 환영하는 바다! 여러 차례 증명되었듯이, 물건보다 경험을 사는 것이 훨씬 더 낫다. 새로 출시된 아이폰을 사는 대신 며칠 동안 휴가를 즐기자. 경험은 더 오래 남고, 더 깊은 만족과 행복감을 안겨준다.

2011년에 출간된 곤도 마리에의 《정리의 힘》은 전 세계에서 선풍적인 인기를 끌었다. 책에 담긴 핵심 메시지는 다음과 같다. 옷장과 서랍장을 싹 비우자, 거기서 나온 물건을 모두 한곳에 쌓아놓자, 그리고 당신을 행복하게 만들지 않는 것은 모조리 버리자. 옷이든, 가제트든, 장난감이든, 예의상 보관하고 있는 선물이든 간에. 나도 이 비우기 연습을 해보았다. 그러자 남는 물건이 그리 많지 않았다. 정리한 물건 대부분은 구세군에 기부했다.

결론은 이렇다. 삶의 질은 가제트의 개수가 아니라 생각의 질에 달려 있다.

52
콘텐츠의 홍수에 빠져라

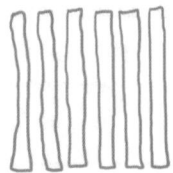

언제 어디서든, 의문을 가지지 말고, 스펀지가 물을 흡수하듯이 어떤 정보든지 쭉 빨아들이자! 모든 정보에 '흥미'를 가지자. 온라인 세상이 쏟아 내는 기사와 동영상, 팟캐스트와 블로그의 끝없는 물결에 몸을 내맡기자. 클릭할 때마다 당신은 뭔가 더 알게 된 기분, 정보의 우위를 점한 기분을 맛본다.

그렇지만 그 우월감은 오래 가지 못한다. 그러니 단 몇 초 만에 다른 정보를 위해 다시 손을 뻗고, 그렇게 또 몇 시간을 그냥저냥 흘려보내자. 다행히도 나를 위한 '콘텐츠'의 저장고는 절대 비는 법이 없지 않은가! 그러다 언젠가는 깨닫게 될 것이다. 방대한 '지식'에도 불구하고 실제 내가 아는 것은, 실제 내가 이룬 것은 거의 없다는 사실을 말이다.

그래도 클릭을 멈출 수 없다. 안 하려니 뭔가 뒤처지는 것 같다. 거짓 생산성으로 채워진, 따뜻하고 공허한 느낌을 계속 탐닉한다. 이제 우리 인생은 어디로 가는 걸까?

이성의 조용한 목소리

그야말로 콘텐츠의 홍수다. 그리고 콘텐츠는 새로운 약물이다. 오늘날 우리는 무한히 많은 콘텐츠에 얼마든지 접근할 수 있다. 책을 비롯해 동영상, 블로그, 포스트, 엑스(구 트위터), 그리고 팟캐스트까지. 전 세계 유튜브 사용자들은 1분당 500시간 분량의 동영상을 올리고, 하루 평균 5억 개가 넘는 멘션이 전송되며, 인스타그램 사용자들은 매일 9,500만 개 이상의 사진과 동영상을 게재한다. 이 가운데 90퍼센트는 말 그대로 쓰레기이며, 9퍼센트는 지극히 평범하다. 1퍼센트는 아주 좋은 콘텐츠다. 하지만 이 1퍼센트조차 우리가 천 년을 살아도 다 소비할 수 없을 정도로 양이 엄청나다.

이런 '콘텐츠의 함정'에 빠졌을 때, 우리는 자신이 생산적인 사람이라고 착각한다. 어쨌든 나의 지평을 넓히고 있으니까 말이다. 하지만 수동적으로 산더미 같은 콘텐츠를 소비하고 있을 뿐이다. 평범한 것이든 나쁜 것이든 상관없이. 보통 우리는 나중에야 비로소 그 정체를 알아챈다. 게다가 아무리 좋은 콘텐츠일지라도 기분 내키는 대로 소비하는 것도 그리 괜찮은 생각은 아니다.

콘텐츠의 홍수에 잠기지 않기 위한 전략이 반드시 필요하다. 다음의 다섯 가지 제안을 참고해 보자.

첫째, 당신의 개인적인 능력의 범위를 명확히 정하자. 다시 말해서, 당신이 경지를 이르고 싶은 전문 분야가 무엇인지 확실히 하는 것이다. 이 범위에 속하는 콘텐츠만이 당신에게 의미가 있다. 이 범위 밖에 있는 것은 그냥 잡음일 뿐이다. 현명하게 선택하자. 목적을 가지고 소비하자. 끝없이 펼쳐진 콘텐츠의 바다 위에서 하염없이 서핑하지는 말자.

이와 관련하여 가장 위험한 단어 중 하나가 '흥미롭다'다. 물론 모든 것이 흥미롭다! 당신은 오후 내내 신경이 예민한 10대들의 인스타그램 게시물을 마냥 스크롤하면서 인간 심리에 대해 많은 것을 배울 수도 있다. 하지만 '흥미롭다'는 표현은 콘텐츠의 함정으로 안내하는 표지판이다. 그런 만큼 머릿속에서 이 단어를 지워버리자. 대신 당신과 '관련성'이 높은 '중요한' 콘텐츠를 소비하자. 그러면서 당신이 예외적으로 허용할 것은 딱 두 가지다. 범위 밖 콘텐츠는 일주일에 최대 네 시간만, 새로운 아이디어를 떠올리기 위한 목적으로만 즐기자. 순수한 오락거리는 최대 한두 시간만. 전문 능력을 키우는 데 도움이 되지 않더라도 범죄 수사물을 한두 시간씩 즐기는 것은 괜찮다.

둘째, 당신이 생산하는 것보다 더 많이 소비하지 말자. 여기서 '생산'은 반드시 콘텐츠를 뜻하는 것은 아니다. 모든 형태의 가치 있는 일을 포함한다. 시간 단위로 측정해서 엄격하게 적용하자.

셋째, 다음 동영상이나 책에 빠져들기 전, 잠시 멈추자. 2분

정도면 된다. 그 시간에 명확한 목표를 설정하자. 이 콘텐츠로부터 얻고자 하는 것은 무엇인가? 얼마나 도움이 되리라 생각하는가? 새 콘텐츠에 접근할 때마다 이렇게 하자. 과학자가 가설을 세우고 실험에 들어가듯이, 질문을 먼저 품고 콘텐츠를 맞이하자.

넷째, 콘텐츠에 휩쓸리지 말자. 콘텐츠를 능동적으로 다루고 처리하자. 메모를 하고 내용을 요약하자. 당신이 읽고 보고 들은 것을 머릿속에 남길 수 있는 유일한 방법이다. 내 친구 중 하나는 주로 마인드맵을 작성한다. 즉 보고 들은 내용을 도형으로 그리며 지도처럼 간단히 정리한다. 억만장자인 이 친구는 마인드맵이 자기를 성공하게 만든 한 축이라고 주장한다. 나는 그의 말을 믿는다. 개인적으로 나는 마인드맵을 그리지 않지만(어쩌면 그래서 내가 억만장자가 되지 못한 것일지도 모르지만) 대신 워드 문서에 요점을 적어둔다. 중요한 지식과 정보는 할 일 목록에 기록하며, 매달 이를 검토하고 정리한다. 콘텐츠를 어떤 방식으로 처리하는지는 별로 중요하지 않을 수 있다. 여기서 핵심은 철저히, 능동적으로 다루는 것이다.

다섯째, 좋은 책은 두 번 읽자. 뛰어난 동영상은 두 번 시청하자. 곧바로 연달아서. 한 번만 보면 내용의 1퍼센트만 기억에 남기 때문이다. 같은 콘텐츠를 두 번 보면 내용의 5퍼센트가 머릿속에 남는다. 무려 다섯 배에 달한다! 참고로 학습 능력을 향상시키는 최고의 방법은 소비한 내용을 다시 자신의 말로 이야기하는 것이다. 누구에게라도 상관없다. 배우자든, 동료든, 심지어 반려견이든. 이로 인해 혜택을 받는 주인공은 당신의 반려견이 아닌 바로 당신이다.

맺음말 그리고 감사의 말
- 반전 기법

시스티나 성당Cappella Sistina 천장에는 아담과 신의 손가락이 맞닿는 장면이 그려져 있다. 언뜻 보면 누가 누구를 창조하는지 명확히 알기 어렵다. 널리 알려진 가정대로라면 신이 창조주다. 고대의 역사를 기억하는 사람이라면 알 것이다. 신을 만든 것은 오히려 인간이라는 사실을 말이다. 영국의 작가 매트 리들리Matt Ridley는 관점을 뒤집는 반전 기법을 이렇게 설명한다. 우리 주변에는 180도 뒤집어서 보면 훨씬 더 명료해지는 것이 제법 많다.

이 책에서 나는 52개의 장을 통해 좋은 삶에서 벗어나 불행한 삶으로 향할 수 있는 방법을 독자 여러분에게 알려주려고 노력했다. 그리고 이제 여러분이 정확히 그 반대로 하기를 바란다. 이 반전 기법은 우리에게, 본보기와 모범 사례부터 찾지 말고 반면교사의 대상과 흔히 행해지는 어리석음을 먼저 찾아야 한다는 가르침을 준다. 결국 내가 전하고 싶은 말은 이렇다.

다른 사람의 실수로부터 배우고, 실패 사례를 부단히 연구하자. 타인의 실패뿐만 아니라 자신의 실패담도. 실패한 인생, 실패한 관계, 실패한 프로젝트, 실패한 사업이 묻힌 묘지를 방문하자. 그리고 이 책을 참고하여 당신만의 하지 말아야 할 일 목록을 만들어보자. 확장된 버전의 하지 말아야 할 목록을 각자 작성해 보는 것이다. 매번 스스로에게 질문을 던지자. 그는, 나는 왜 실패했을까? 이 질문은 성공의 비결을 찾는 것만큼이나 중요하다. 어쩌면 더 중요할지도 모른다.

반전 기법은 내 인생에 아주 이롭게 작용했다. 나는 나를 건강하게 만드는 것을 찾아 헤매는 대신, 건강에 해로운 습관을 피하는 데 집중한다. 어떻게 해야 더 생산적일 수 있을까를 고민하는 대신, 방해 요소를 정확히 파악하고 제거한다. 부자가 되는 길을 모색하는 대신, 예측 가능한 손실을 피하려고 노력한다. 관계를 잘 유지하는 방법을 분석하는 대신, 관계를 깨트리는 원인에 주의를 기울인다. 완벽한 결정에 이르기 위해 이리저리 궁리하는 대신, 수많은 사람이 나보다 먼저 빠진 의사 결정의 함정을 피하려고 한다. 그리고 행복을 좇는 대신, 행복으로 가는 길에 걸림돌이 되는 것들을 차근차근 제거한다.

이 반전 기법은 마음대로 범위를 확장할 수도 있다. 나쁜 일이 벌어질 때마다 그 이유가 무엇인지만 묻지 말자. 더 나쁠 수도 있었는데 왜 '단지' 그 정도로만 나빴는지도 함께 물어보자. 첫 번째 예로, 두 번의 이혼을 겪은 사람이 있다고 해보자.

그러면 왜 일곱 번이나 여덟 번이 아니고 두 번에 불과한지 물어보는 것이다. 두 번째 예로, 인플레이션을 생각해 보자. 같은 인플레이션인데 왜 2020년대는 1920년대만큼 참혹하지 않았던 걸까? 정치권과 중앙은행이 어떻게 한 것일까? 이들이 모든 것을 잘하고 있는 것은 아니다. 그렇다면 이들이 제대로 하고 있는 것은 무엇일까? 이런 질문에 대한 답을 계속 찾다 보면, 좋은 관계나 좋은 경제 또는 좋은 국제 정치를 형성하는 것이 무엇인지 많이 배우게 된다.

또 다른 유형의 반전 기법으로는 역할 전환이 있다. 면접에서 흔히 볼 수 있는 형태로, 예를 들면 이런 것이다. "본인이 면접관이라면, 면접을 볼 때 지원자의 무엇을 가장 중요하게 여기고 눈여겨보겠습니까?" 혹은 워런 버핏이 하는 것처럼 할 수도 있다. "만약 당신이 투자자고 내가 기업의 운영자라면, 당신은 어떤 질문을 하시겠습니까?" 버핏은 이런 식으로 좋은 투자처인지를 알아본다. 아니면 한 번 더 뒤집어 물어볼 수도 있다. "내가 당신 회사를 인수하지 못하게 막아야 한다면, 내게 어떤 정보를 주시겠습니까?"

다시 원래의 이야기로 돌아와 보자. 세상에는 누구의 잘못도 아닌, 외부로부터 오는 불가항력적인 불행이 있다. 질병, 전쟁, 천재지변 같은 이른바 운명의 타격 말이다. 이런 불행은 셀 수도 없고, 예측도 통제도 불가능하다. 하지만 그 외의 불행은 상당수 내부 요인에서, 즉 당신이 영향을 미칠 수 있는 것에서 비롯된다. 말하자면 피할 수 있는 불행이다. 이처럼 자기 스스로 초래한 실수와 잘못은 정해져 있으며, 대부분 패턴이 비슷하다.

이 책의 중심을 관통하는 질문은 이렇다. "좋은 삶을 위해 우리가 맹목적으로 따라도 되는 규칙이 있을까?" 중세의 수도원 공동체에서 이런 규칙을 찾을 수 있다. 아마도 책으로도 나와 있는 《베네딕트의 규칙서》가 가장 유명할 것이다. 그렇지만, 알고 보면 수도원 담장 안에서도 그릇된 일이 많았다. 수도사들끼리의 다툼, 재정 문제, 영적인 메마름과 수도원의 몰락까지. 그러니까 규칙적으로 돌아가는 수도원 세계에서도 100퍼센트 완벽하게 작동하는 '체크 리스트'는 없었다고 자신 있게 말할 수 있다.

하물며 오늘날과 같이 선택지와 인생 경로가 너무나도 많고, 선호와 취향이 끊임없이 변화하는 시대는 오죽하겠는가. 우리 열 살짜리 아들 누마Numa는 이를 직감적으로 깨달았다. 어느 날 누마는 이렇게 말했다. "우리는 인생을 전부 계산할 수는 없어요. 그러다 보면 인생의 전체를 계산하는 데만 쓰게 되고, 살아가는 건 사라져버리니까요." 수학자이자 물리학자인 스티븐 울프럼Stephen Wolfram은 이를 '계산적 비환원성Computational irreducibility'이라고 일컬었다. 요컨대, 삶의 구조를 완벽하게 설명해 줄 보편적인 이론은 존재하지 않는다. 존재할 수도 없고. 그럼에도 도움이 되는 게 하나 있다. 바로 '반전'이다. 좋은 삶을 망치는 함정들을 피하는 것. 이제 우리는 그 핵심 목록을 갖게 되었다.

인생의 실패담을 연구하면서 내가 깨달은 게 한 가지 더 있다. 우리는 보통 하루아침에 (스스로 초래한) 불행에 빠지지 않는다는 것이다. 사소한 어리석은 행동 하나가 두 번째, 세 번째 행동으로 이어진다. 작디작은 아둔함이 점점 쌓이고 쌓이다가 어느 순간 갑자기 눈사태처럼 우리를 휩쓸고 파멸의 구렁텅이로 빠트린다. 그래서 더 늦기 전에, 일찍 바로잡는 것이 아주 중요하다. 그런데 보다 더 중요한 것은, 삶의 기술은 혁신이 잘 적용되지 않는 몇 안 되는 분야 중 하나라는 점이다. 개방적인 관계, 디지털 유목주의, 지배적 규범에 대한 반항 같은 대부분의 혁신이 제대로 작동하지 않는다. 실험을 즐기는 사람이라면 한번 물리 실험실에서 직접 실행해 보길 바란다.

물론 여기서 소개한 52가지로 우리가 맞닥뜨리는 온갖 불행한 삶의 우주를 다 가로지를 수는 없다. 저마다 다른 건강과 경력, 재정 상태 또는 베이스 점핑Base jumping 같은 위험천만하고 바보 같은 취미에 이르는 영역 등이 누락되어 있기 때문이다. 따라서 우리의 여정은 여기서 끝이 아니다.

마지막으로 감사할 사람들이 있다. 이 책은 탁월한 편집자 다섯 명의 손을 거친 덕분에 읽을 만한 글이 되었다. 나는 이들에게 큰 빚을 졌다. 그저 감사한 마음이다.

언제나 나의 첫 번째 편집자인 나의 아내이자 작가 클라라 마리아 바구스Clara Maria Bagus, 날것에 가까운 내 문장들을 이해하기 수월한 글로 만들어주었다. 그중 가장 큰 공헌은 독자 여러분을 위해 쓸데없는 챕터들을 가차 없이 삭제한 것이다. 참고로 그 분량이 적지 않다. 살아남은 텍스트는 역시나 작가인 내 친구 니코 스토이프베르크Niko Stoifberg에게 넘어갔고, 친구는 발군의 실력으로 내 글을 매끄럽게 다듬어주었다.

그런 다음 내 글은 날카로운 두 신문 편집자의 검토를 거쳤다. 〈벨트 암 존탁Welt am Sonntag〉의 과학 담당 부서장 소냐 카스틸란Sonja Kastilan과 〈노이에 취르허 차이퉁Neue Zürcher Zeitung, NZZ〉 주말판의 편집장 토마스 이슬러Thomas Isler다. 그렇게 해서 마침내 피퍼Piper 출판사의 훌륭한 편집자 마르틴 야닉Martin Janik의 책상 위에 안착하게 되었다. 야닉은 나의 모든 논픽션 원고를 편집해 준 담당자다.

이 글의 상당 부분을 연재할 수 있도록 지면을 마련해 준 〈NZZ〉의 주필 에릭 구예르Eric Gujer와 〈벨트〉의 주필 울프 포샤르트Ulf Poschardt에게도 진심 어린 감사를 전한다. 이 책을 구상할 때 신뢰를 보내준 발행인 펠리시타스 폰 로벤베르크Felicitas von Lovenberg에게도 고마움을 표한다. 그리고 무엇보다 이 여정에 동행해 준 독자 여러분에게 깊은 감사의 뜻을 전하며 이 글을 마친다.

일러스트 작가에 대하여
-**엘 보초** El Bocho

이 책을 재치 있는 일러스트로 빛내준 엘 보초는 현재 베를린에 살고 있다. 그래픽 디자인을 전공한 그는 음악 업계와 독일 일간지 〈프랑크푸르터 알게마이네 차이퉁 Frankfurter Allgemeine Zeitung, FAZ〉에서 일러스트 작가로 활동하고 있다. 그의 작품은 갤러리에서뿐만 아니라 도시 공간 곳곳에서도 볼 수 있다. 그는 '조명하는 관찰자'의 역할을 자임하며 일본, 러시아, 브라질 등에서 전시회를 열었고, 텔레비전에도 출연하고 있다. 한국어판에서는 필요한 일러스트의 수정을 하는 수고도 마다하지 않았다. 그는 지난 몇 년간 최대 5미터에 달하는 일러스트를 공공 장소에 그리기도 하며 대중과 소통해 왔다. 이런 그의 작품은 도시 예술을 구성하는 필수 요소가 되었다.

낭만주의자이기도 한 엘 보초는 자신의 작품을 통해 노력의 덧없음을 지적하고자 한다.

www.elbocho.net

저자의 당부

 이 책에 담긴 견해는 내가 현재 시점에서 도달할 수 있는 가장 명료하고도 사실에 충실한 관점을 드러낸다. 나는 언제든지 내 입장을 재고하고 조정할 권리가 있다. 나는 나 자신의 발언과 모순되는 것도 기꺼이 받아들인다. 나의 논제를 수정해야 한다면 이는 오로지 진실에 더 가까이 다가가기 위한 노력의 일환이지, 절대 개인적인 이득을 위한 것이 아니다.

참고 문헌

이 목록에는 중요한 인용문, 참고한 문헌, 추천할 만한 읽을거리, 그리고 개인적인 비평을 정리해 두었다. 본문에서는 과학적 연구나 철학적 사상을 소개할 때, 전문적인 표현을 그대로 옮기기보다는 일상 언어로 풀어 쓰는 방식을 택했다. 본문에서 직접 인용한 문헌은 이 목록에서 찾을 수 있으며, 여기에 실리지 않은 인용문은 2024년에 출간된 킨들판 전자책을 참고하면 된다.

머리말

찰리 멍거(Charlie Munger)의 졸업식 축사: 찰리 멍거, 《가난한 찰리의 연감(Poor Charlie's Almanack)》, The Donning Company Publishers, Kindle edition, 69. https://jamesclear.com/great-speeches/how-to-guarantee-a-life-of-misery-by-charlie-munger
찰리 멍거의 졸업식 축사: 위와 동일, 72.

1. 그저 방치해라

제노바의 모란디 다리는 폴체베라(Polcevera) 다리라고도 불린다.
데이비드 브룩스(David Brooks): "The Quiet Magic of Middle Managers", 〈The New York Times〉, 2024/4/11. https://www.nytimes.com/2024/04/11/opinion/middle-managers-business-society.html
일어나지 않은 전쟁에 대해 정말 외교관에게 보상을 해주지 않을까? 그의 회고록을 읽는 사람이 하나도 없을까? 그렇다, 헨리 키신저(Henry Kissinger)만 제외하고.
민주주의는 완벽한 체제에 의존하지 않는 유일무이한 정부 형태이다. 상사가 일을 망치거나 어리석은 짓을 하더라도 민주주의는 영웅적인 구조 행위를 필요로 하지 않는다. 민주주의 국가에서 위대한 남성 또는 위대한 여성을 선택하는 것은 그다지 중요하지 않다. 하지만 피를 흘리지 않고 신속하게 그를 제거할 수 있는지는 매우 중요하다. 뿐만 아니라 재선에 대한 압박은 유권자의 의지에 따라 결정이 지속적으로 조정된다는 뜻이다. 일종의 정치적 유지 보수 작업이라고 할 수 있다.

2. 내면의 나약한 자아를 믿어라

'국제 망설임 운동'은 실제로 있다. 더 정확히 표현하면 국제 '게으름뱅이' 운동이다. 인터넷 사이트를 참고하자. https://www.idler.co.uk/about/

3. 자신이 한 말을 뒤집어라

"1986년 로스앤젤레스의 하버드-웨스트레이크스쿨에서 찰리는 '평생 단 한 번의 졸업 연설'이 될 거라며 연단에 올랐다. 그날은 멍거 집안의 다섯 아들 중 마지막으로 입학한 필립 멍거의 졸업식이기도 했다." 찰리 멍거, 《가난한 찰리의 연감》, The Donning Company Publishers, Kindle edition, 150.

"신뢰할 수 없는 사람이 되십시오. 여러분이 맡은 일을 충실히 수행하지 마십시오. 이 한 가지 습관만 터득하면 아무리 대단한 미덕을 지녔다 하더라도 여러분의 모든 미덕을 합친 효과를 상쇄하고도 남을 것입니다. 사람들에게 불신을 사고 좋은 사람들로부터 멀어지고 싶다면 이 처방을 따르세요." 위와 동일, 154-155.

롱텀 캐피털 매니지먼트에 관한 워런 버핏(Warren Buffett)의 말 원문: "The whole story is really fascinating because if you take John Meriwether, Eric Rosenfeld, Larry Hillenbrand, Greg Hawkins, Victor Haghani, the two Nobel prize winners Merton Scholes... If you take the 16 of them, they probably have as high an average IQ as any 16 people working together in one business in the country, including Microsoft or where ever you want to name. So an incredible amount of intellect in that room. Now you combine that with the fact that those 16 had extensive experience in the field they were operating in. These were not a bunch of guys who had made their money, you know, selling men's clothing and all of a sudden went into the securities business. They had in aggregate, the 16, probably had 350 or 400 years of experience doing exactly what they were doing. And then you throw in the third factor that most of them had virtually all their very substantial net worths in the business. So they had their own money up. Hundreds and hundreds of millions of dollars of their own money up, super high intellect, working in a field they knew, and essentially they went broke. That to me is absolutely fascinating." https://novelinvestor.com/buffetts-lessons-long-term-capital-management/

4. 내가 제일이다

찰리 멍거의 장례식 이야기 원문: "Think about the type of funeral you want. There is a story about a person who died. The minister said it is now time to say something nice about the deceased. Nobody came forward. After long time a person came up and said, 'His brother was worse.' That is not the kind of funeral you want." 찰리 멍거, 《가난한 찰리의 연감》, The Donning Company Publishers, Kindle edition, 290. https://davidsnotes.substack.com/p/charlie-mungers-commencement-address

메이요 클리닉: "Such a simple idea, literally counting the number of times a person says I or we in a hiring interview. But how extraordinarily important... And Mayo's leaders have discovered that, for one thing, using more we than I in an interview is a pretty darn good indicator of a future proclivity for focusing on teammates rather than oneself." 톰 피터스(Tom Peters), 《The Excellence Dividend》, Nicholas Brealey Publishing, Kindle edition, 45.

나쁜 놈이 정상에 오르는 일은 거의 없다. 세상에는 망나니를 위한 유리 천장(Glass ceiling)이 있다. 나는 이를 '망나니 천장'이라고 부를까 한다.

5. 기대치를 높여라

우리가 무언가를 처음으로 할 때: "심리학자들은 경험을 통한 학습에서 두 가지가 필요하다고 말한다. 하나는 빈번한 연습이며 다른 하나는 즉각적인 피드백이다. 이러한 조건이 충족되면, 가령 자전거나 자동차 운전을 배울 때 우리는 몇 번의 실수를 통해 학습이 가능해진다. 하지만 인생의 많은 문제는 이런 기회를 제공하지 않는다." 리처드 탈러(Richard Thaler), 《똑똑한 사람들의 멍청한 선택(Misbehaving)》, W. W. Norton & Company, Kindle edition, 50.

6. 계획 없는 삶

하루 계획을 현실적으로 세우는 것은 왜 이리 어려운 걸까? 인류의 역사에서 복잡한 과제와 장기적인 목표는 처음이기 때문이다. 우리의 두뇌는 진화적으로 아직 이에 대한 준비가 되어 있지 않다. 우리 조상들은 생존을 위해, 장기적인 계획보다 눈앞에 당면한 문제와 보상에 (이를테면 식량이나 은신처 찾기에) 집중하는 것이 더 중요했다.

선사 시대 유적지: 당연히 역설적인 의미로 한 말이다. 아직 문자도 발명되지 않았는데 할 일 목록이 발견될 리가.

작가 줄리아 알바레스(Julia Alvarez)의 말 원문: "You have to develop the habit of writing. If I had to wake up every morning and decide if I felt like writing, nine times out of ten, I wouldn't feel like it. You are not going to choose to write every day." 아리엘 고어(Ariel Gore), 《How To Become a Famous Writer Before You Are Dead》, Crown Publishing Group, 38.

존 피어폰트 모건의 일화: "A man approached J. P. Morgan, held up an envelope, and said, 'Sir, in my hand I hold a guaranteed formula for success, which I will gladly sell you for $25,000.' 'Sir,' J. P. Morgan replied, 'I do not know what is in the envelope; however, if you show me, and I like it, I give you my word as a gentleman that I will pay you what you ask.' The man agreed to the terms and handed over the envelope. J. P. Morgan opened it and extracted a single sheet of paper. He gave it one look, a mere glance, then handed the piece of paper back to the gent. And paid him the agreed-upon $25,000. On the paper... Every morning, write a list of the things that need to be done that day. Do them." 톰 피터스, 《The Excellence Dividend》, Nicholas Brealey Publishing, Kindle edition, 56.

미국의 작가 로라 밴더캠(Laura Vanderkam)은 성공한 사람들을 연구한 결과, 이들은 대부분 이른 아침에 자신의 계획을 가장 잘 통제한다는 사실을 발견했다. "전 세계가 아침을 먹기도 전에, 성공한 사람들은 이미 자신이 원하는 인생으로 향하는 길에 들어서며 승리를 거머쥔다." https://fs.blog/what-the-most-successful-people-do-before-breakfast/

9. 남에겐 물을, 나는 와인을

업튼 싱클레어(Upton Sinclair)의 말 원문: "It is difficult to get a man to understand something, when his salary depends on his not understanding it." https://quoteinvestigator.com/2017/11/30/salary/

10. 나쁜 습관을 고수해라

존 우든(John Wooden)의 말 원문: "Ability may get you to the top, it takes character to keep you there." 톰 피터스, 《The Excellence Dividend》, Nicholas Brealey Publishing, Kindle edition, 161.

11. 어리석은 목표를 세워라

인생의 목표는 근본적으로 근거가 없다는 관점에 대하여: 차라리 인생 목표를 아예 세우지 않는 편이 더 나을까? 그렇지 않다, 그러면 우리는 정서에 기초하여 결정을 내리게 된다. 말하자면 정서는 순간적인 감정으로, "나 이거 좋아" 또는 "나 저거 싫어" 같은 것이다. 인생의 목표가 없다면 우리는 아마 지금 당장 좋아하는 일을 하고, 싫어하는 일은 바로 피할 것이다. 그럼 우리는 동물과 구별되지 않으며, 죽지 않기 같은 단순한 목표로 되돌아갈지 모른다.

12. 마시고 또 마셔라

평정심을 잃게 만드는 알코올: "Alcohol will take the brakes off the mouth, allowing us to career downhill into the realm of the social pariah." 랜디 패터슨(Randy Paterson), 《How to Be Miserable》, New Harbinger Publications, 2016, 40.

스위스 통계: https://www.bag.admin.ch/bag/de/home/zahlen-und-statistiken/zahlen-fakten-zu-sucht/zahlen-fakten-zu-alkohol.html

독일 통계: 독일의 경우 약 160만 명이 알코올 중독이라고 한다. 독일 약물중독 대책본부 (DHS) 사이트를 참고하자. https://www.dhs.de/

자가 치료 외에 알코올 중독의 주요 원인이 하나 더 있다: 바로 집단 압력이다. 주변 친구들이 술을 많이 마시면 당신도 알코올 중독에 빠질 수 있다. 심리학에서는 이를 '사회적 검증'이라고 부른다. 즉 특정 행동을 하는 사람들이 점점 더 많아지면 그 행동은 더욱더 '옳은' 것처럼 보이게 된다. 물론 이는 터무니없는 일이다.

인생이 너무 버거울 때 잠시 동안 자신의 삶에서 벗어나는 보다 현명한 방법들이 있다. 예를 들어 나의 아내는 종종 신체 일부와 감각이 사라졌다는 생각을 한다. 자신의 눈이 멀고, 귀가 들리지 않고, 팔이나 다리가 없다는 상상을 하는 것이다. 그리고 나서 얼마 뒤 모든 것이 다시 돌아왔다고 생각한다. 더 나쁜 버전의 자기 인생과 현재를 비교하는 것은 치유의 효과가 있다.

레드 와인이 건강에 도움이 된다는 신화에 대하여: https://www.health.harvard.edu/blog/is-red-wine-good-actually-for-your-heart-2018021913285

14. 나의 경험에서만 배워라

찰리 멍거의 졸업식 축사: 찰리 멍거, 《가난한 찰리의 연감》, The Donning Company Publishers, Kindle edition, 69. https://jamesclear.com/great-speeches/how-to-guarantee-a-life-of-misery-by-charlie-munger

꾸준한 독서에 관한 찰리 멍거의 말 원문: "In my whole life, I have known no wise people (over a broad subject matter area) who didn't read all the time - none, zero." https://finance.yahoo.com/news/memorable-quotes-from-berkshire-hathaways-charlie-munger-225308303.html

15. 소셜 미디어에 빠져라

월터 아이작슨(Walter Isaacson)의 말 원문: "There is a truism about internet comment boards: any discussion descends to shouting 'Nazi!' within seven responses. In the case of the gene-editing threads, it was more like by the third response. 'Are we still in 1930s Germany?' one person tweeted. Another added, 'How did this read in the original German?' Within a day, the folks at the National Academy of Sciences had sounded retreat." 월터 아이작슨, 《코드 브레이커(The Code Breaker)》, Simon & Schuster, Kindle edition, 356.

16. 길이 막힌다고 화내기

운전자의 연령과 성별에 따른 위험 판단의 차이: "Age and gender differences in risky driving – The roles of positive affect and risk perception", 〈Accident Analysis & Prevention〉, 2011, 43(3), 923-931.

빨간 광대 코와 관련된 팁은 내 친구 에카르트 폰 히르쉬하우젠(Eckart von Hirschhausen)에게 얻은 것이다.

17. 부정적인 사람들을 곁에 두기

전자들이 원자핵 주변을 맴도는 이른바 보어(Bohr) 원자 모형은 근본적으로 한계가 있다. 전자의 위치는 정확히 알 수 없기 때문이다. 그래서 오늘날 우리는 슈뢰딩거(Schrödinger)의 파동 방정식에 따라, 전자가 궤도를 도는 대신 구름 형태로 존재한다고 본다.

"부정적인 머리는 절대 긍정적인 인생을 살 수 없다"는 문장은 내가 옛말을 조금 변형한 것이다. 영어 원문은 다음과 같다: "A negative mind will never give you a positive life."

손실 회피(Loss aversion) 경향: https://en.wikipedia.org/wiki/Loss_aversion

다음은 정서적 전염을 비롯해 행복과 신체적 건강 사이의 상관관계를 연구한 논문과 서적이다.

해트필드(Hatfield, E.), 카시오포(Cacioppo, J. T.), 랩슨(Rapson, R. L.), "Emotional contagion", 〈Current Directions in Psychological Science〉, 1993, 2(3), 96-99.

라스무센(Rasmussen, H. N.), 샤이어(Scheier, M. F.), 그린하우스(Greenhouse, J. B.), "Optimism and physical health: A meta-analytic review", 〈Annals of Behavioral Medicine〉, 2009, 37(3), 239-256.

보엠(Boehm, J. K.) & 쿠브잔스키(Kubzansky, L. D.), "The heart's content: The association between positive psychological well-being and cardiovascular health", 〈Psychological Bulletin〉, 2012, 138(4), 655.

아이센(Isen, A. M.), 다우만(Daubman, K. A.), 노비키(Nowicki, G. P.), "Positive affect facilitates creative problem solving", 〈Journal of Personality and Social Psychology〉, 1987, 52(6), 1122.

프레드릭슨(Fredrickson, B. L.), "The role of positive emotions in positive psychology", 〈American Psychologist〉, 2001, 56(3), 218.

캐롤 S. 드웩(Carol S. Dweck), 《마인드셋(Mindset: The new Psychology of Success)》, Random House, 2006.

디너(Diener, E.) & 찬(Chan, M. Y.), "Happy people live longer: Subjective wellbeing contributes to health and longevity", 〈Applied Psychology: Health and Well-Being〉, 2011, 3(1), 1-43.

또 하나의 흥미로운 연구 결과: 탁월한 사회학자 니컬러스 크리스타키스(Nicholas Christakis)와 그의 동료 제임스 파울러(James Fowler)는 부정적인 태도가 가까운 친구에게만 번지는 것이 아니라, 소셜 네트워크를 통해 확산되어 친구의 친구에게도 영향을 미친다는 사실을 발견했다. 파울러(Fowler, J. H.) & 크리스타키스(Christakis, N. A.), 스텝토(Steptoe, A.), 디에즈-루(Diez-Roux, A. V.), "Dynamic Spread of Happiness in a Large Social Network: Longitudinal Analysis of the Framingham Heart Study Social Network", 〈BMJ: British Medical Journal〉, 2009, 338(7685), 23-27. https://www.jstor.org/stable/20511686

18. 이웃과 싸울 거리를 찾자

집단 효능(Collective efficacy) 관련 논문: 샘슨(Sampson, R. J.), 라우덴부쉬(Raudenbush, S. W.), 얼스(Earls, F. J.), "Neighborhoods and Violent Crime: A Multilevel Study of Collective Efficacy", 〈Science〉, 1997, 277(5328), 918-924. https://www.jstor.org/stable/2892902

19. 약물에 의존해라

찰리 멍거, 《가난한 찰리의 연감》, The Donning Company Publishers, Kindle edition, 69. 원문의 '60년'을 '수십여 년'으로 살짝 수정했다. 안 그러면 독자들이 그가 60세라는 인상을 받을 수도 있으니까. 멍거는 2023년에 99세의 나이로 세상을 떠났다.

미국 내 약물로 인한 사망 통계: https://nida.nih.gov/research-topics/trends-statistics/overdose-death-rates

이상하게도 이 시기에 중국은 (증기선이나 대포 같은) 서구의 우수한 기술을 받아들이길 거부했다. 그리고 일본은 그 반대의 결정을 내렸다. "중국과 마찬가지로 일본도 19세기 중엽 압도적인 무력을 자랑하는 서구의 선박과 맞닥뜨렸다. 일본의 경우 1853년에 미 해군 제독 매튜 페리(Matthew Perry)가 이끄는 '흑선'이 입항했을 때 중국과 정반대의 결론을 도출했다. 즉 외국 기술에 문을 개방하고 서구 열강의 부상을 모방하기 위해 제도를 정비했다." 1868년 메이지 천황은 왕정복고를 선언하며 "온 세상에서 지식을 구하고 천황제 통치의 토대를 강화해야 한다"고 말했다. "왕정복고 쿠데타인 메이지 유신과 서구 기술을 습득하기 위한 노력은 일본에 눈부신 경제 발전의 문을 열어 주었다." 헨리 키신저, 《중국 이야기(On China)》, Penguin Group, 2011, 79.

이언 매큐언(Ian McEwan)의 인터뷰 전문: "If you want to know what it's like to take LSD, have breakfast with the four-year old." https://www.npr.org/2016/04/17/474569125/your-brain-on-lsd-looks-a-lot-like-a-babys, 영상: https://www.youtube.com/watch?v=1mTgH3KWdR8&t=2530s

20. 한길만 걸어라

찰리 멍거의 졸업 연설 원문: "I constantly see people rise in life who are not the smartest, sometimes not even the most diligent, but they are learning machines. They go to bed every night a little wiser than they were when they got up and boy does that help, particularly when you have a long run ahead of you..." 2007년 5월, https://www.youtube.com/watch?v=u81l7rM2yl8

학습은 지능보다 더 중요하다: "학습은 지능을 능가한다"는 문장을 살짝 바꾼 것이다. 로저 마틴(Roger Martin), 《생각이 차이를 만든다(The Opposable Mind)》, Harvard Business School Press, Kindle edition, 99.

찰리 멍거의 졸업 연설 원문: "you are hooked for lifetime learning. And without lifetime learning, you people are not going to do very well. You are not going to get very far in life based on what you already know. You're going to advance in life by what you learn after you leave here." 2007년 5월, https://www.youtube.com/watch?v=u81l7rM2yl8

21. 가볍게 굴지 마라

〈아메리칸 고딕〉 그림: https://www.artic.edu/artworks/6565/american-gothic

다음은 '장난기' 또는 '놀이성(Playfulness)'과 관련된 연구 논문이다.

프로이어(Proyer, R. T.), "A new structural model for the study of adult playfulness: Assessment and exploration of an understudied individual differences variable", 〈Personality and Individual Differences〉, 2017, 108, 113-122.

귀타드(Guitard, P.), 페를랑(Ferland, F.), 듀틸(Dutil, É.), "Toward a better understanding of playfulness in adults", 〈Occupational Therapy Journal of Research〉, 2005, 25(1), 9-22.

바넷(Barnett, L. A.), "The nature of playfulness in young adults", 〈Personality and Individual Differences〉, 2007, 43(4), 949-958.

매그너슨(Magnuson, C. D.) & 바넷, "The Playful Advantage: How Playfulness Enhances Coping with Stress", 〈Leisure Sciences〉, 2013, 35(2), 129-144.

유(Yu, C.), 레베스크-브리스톨(Levesque-Bristol, C.), 마에다(Maeda, Y.), "Generalizability and applicability of the revised playfulness scale in a college student sample", 〈The Journal of Genetic Psychology〉, 2018, 179(4), 187-197.

'도파민 목록'에 대하여: 이 표현은 내 친구 토마스 에벨링(Thomas Ebeling)에게서 빌려온 것이다.

22. 죄책감에 빠져들어라

'종결'에 관한 이언 매큐언의 말 원문: "One of the most terrible and deceptive words in the English language is 'closure'... In movies and novels you get closure sometimes, but in life it rarely happens, if at all." 인터뷰 영상: https://www.youtube.com/watch?v=rdJkifRdP44

리처드 파인만(Richard Feynman)이 존 폰 노이만(John von Neumann)에게 들은 '사회적 무책임' 이야기 원문: "Von Neumann gave me an interesting idea: that you don't have to be responsible for the world that you're in. So I have developed a very powerful sense of social irresponsibility as a result of von Neumann's advice. It's made me a very happy man ever since. But it was von Neumann who put the seed in that grew into my active irresponsibility!" 리처드 파인만, 《파인만 씨, 농담도 잘하시네!(Surely You're Joking, Mr. Feynman!)》, W. W. Norton, Kindle edition, 132.

23. 은덕을 모르는 사람이 되어라

역풍과 순풍의 비대칭성: 다비다이(Davidai, S.) & 길로비치(Gilovich, T.), "The headwinds/tailwinds asymmetry: An availability bias in assessments of barriers and blessings", 〈Journal of Personality and Social Psychology〉, 2016, 111(6), 835-851.

'비행기'에 관한 루이스 CK(Louis CK)의 이야기: https://youtu.be/oTcAWN5R5-I

24. 보상 체계를 따라라

찰리 멍거의 말 원문: "Show me the incentive and I will show you the outcome." https://www.goodreads.com/quotes/11903426-show-me-the-incentive-and-i-ll-show-you-the-outcome

'인센티브 과민 반응 경향': 나는 전작《스마트한 생각들》에서 이에 대해 구체적으로 설명해 놓았다. 어리석은 보상 체계를 직접 만들어 내지 말자. 특히 당신이 정치인이라면 더 주의해야 한다. 이른바 '복지 함정(Welfare trap)'을 예로 들어보자. 가난한 사람들을 도와주고 일말의 정의를 실현한다는 좋은 의도를 가지고, 더 이상 일할 가치가 없을 정도로 높은 복지 혜택을 주면 장기적으로 수혜자는 자립 의지와 능력을 상실하면서 더 열악한 상황에 빠지게 된다. https://en.wikipedia.org/wiki/Welfare_trap

비즈니스 세계의 바보 같은 보상 체계 가운데, 미국의 택배 업체 페더럴 익스프레스(Federal Express, 페덱스)가 시도한 시나리오는 내가 좋아하는 사례이기도 하다. 페덱스는 매일 밤 모든 항공기를 한 장소에 집결시켜 환적하는 작업이 가장 중요했다. 그런데 야간작업은 항상 정시에 완료되지 않았다. 환적이 지연되면 제 시간에 소포를 고객에게 배달할 수 없기 때문에, 경영진은 문제를 해결하기 위해 다양한 방법을 시도해 보았다. 양심에 호소하거나 협박을 해도 소용이 없었다. 알고 보니 문제의 원인은 기존의 보상 체계에 있었다. 야간 근무자에게 (기존의) 시간급 대신 환적 단위로 급여를 지급하고, 작업이 다 끝나면 곧바로 퇴근할 수 있게 하자 문제는 하룻밤 사이에 해결되었다. 찰리 멍거, 《가난한 찰리의 연감》, The Donning Company Publishers, Kindle edition, 200.

후광 효과: https://de.wikipedia.org/wiki/Halo-Effekt
자신이 독선의 보상 체계에 갇혀 있는지 여부를 스스로 깨닫지 못하는 경우가 종종 있다. 이럴 때는 외부의 시각이 필요하다. 당신의 상황이 지금 어때 보이는지 평가해 달라고 친구에게 부탁해 보자.

25. 의심만이 살 길이다

결혼 계약서: "If your proposed marriage contract has 47 pages, my suggestion is that you not enter." 찰리 멍거, 《가난한 찰리의 연감》, The Donning Company Publishers, Kindle edition, 304.

"마땅한 신뢰로 이루어진 촘촘한 그물망."의 원문: "A seamless web of deserved trust." 어느 정도 경험이 쌓이면 불신이 신뢰로 바뀌는 경우는 상당히 많다. 함께 일하는 사람들 사이에서 이러한 신뢰가 형성되면 더할 나위 없이 좋다. 나는 월드.마인즈 (www.worldminds.org) 재단을 미국인 (그사이 스위스 사람이 된) 키퍼 블레이클리(Kipper Blakeley)와 공동으로 설립했다. 당시 우리는 계약서를 작성하지 않았고, 20년이 지난 지금도 계약서는 없다. 우리는 서로를 맹목적으로 신뢰한다. 워런 버핏이 말한 바로 그 신뢰의 촘촘한 그물망이다. 실로 양질의 삶이 아닌가!

26. 다른 사람을 이해하지 마라

적극적 경청: 수잔 스콧(Susan Scott), 《Fierce Conversations》, Little, Brown Book Group, 2002.

27. 과거에 머물러라

과거에 대한 찰리 멍거의 말: "I don't spend much time regretting the past, once I've taken my lesson from it. I don't dwell on it." 자넷 로우(Janet Lowe), 《찰리 멍거 자네가 옳아!(Damn Right!)》, John Wiley & Sons, 2000, Kindle edition, 45.

게다가 우리의 기억은 상당히 부정확하다. 우리의 뇌는 일어나지도 않은 과거를 조립해서 만들어 낸다.

F. 스콧 피츠제럴드(F. Scott Fitzgerald)의 소설에서 개츠비(Gatsby)는 오로지 옛 사랑 데이지(Daisy)의 마음을 다시 얻기 위해 막대한 부를 축적하고 호화로운 파티를 벌인다. 극도로 사치스러운 그의 생활 방식은 지나간 시절에 대한 그리움을 반영한다. 개츠비는 현재가 결코 충족시킬 수 없을 정도로 과거를 미화한다. 과거 영광에 대한 집착은 그가 현재의 문을 열지 못하는 과거의 포로임을 보여 준다.

정치 이야기를 삼시 하면, 보수주의자는 종종 향수에 잘 젖어드는 사람으로 묘사되는데 이는 잘못된 표현이다. 향수는 미화된 과거로 돌아가기를 바라는 것이고, 반면 보수주의는 기껏해야 이미 검증된 것을 신뢰하면서 모든 트렌드를 따를 필요는 없다고 생각하는 정도이다. 향수는 회귀의 원칙을, 보수주의는 신중의 원칙을 구현한다.

스위스 항공에 대한 향수에서 벗어나게 해준 동료의 이름은 안드레아스 슈피허(Andreas Spycher)이다.

28. 내면의 목소리를 따라라

최근의 연구에 의하면 하루 평균 6200개의 생각이 우리 머릿속에서 떠오른다고 한다. 나는 이 숫자가 조금 의심스럽다. 그러면 다른 생각으로 옮겨가기 전에 최소 10초 동안 한 가지 생각에 머물러 있다는 뜻이다. 직접 한번 실험해 보자. 명상 전문가가 아니라면 끝내 성공하지 못할 것이다. 앤 크레이그(Anne Craig), "Discovery of 'thought worms' opens window to the mind", 〈Queen's Gazette〉, 2020/7/13. https://www.queensu.ca/gazette/stories/discovery-thought-worms-opens-window-mind

29. 인간은 합리적이라는 믿음

호모 오이코노미쿠스: "경제학 교과서에 하나의 이론으로 구체적으로 언급된 적은 없지만, 경제학 이론은 실질적으로 자기 통제라는 문제가 세상에 존재하지 않는 것으로 가정한다." 영어 원문: "Although it is never stated explicitly as an assumption in an economics textbook, in practice economic theory presumes that self-control problems do not exist." 리처드 탈러,《똑똑한 사람들의 멍청한 선택》, W. W. Norton & Company, Kindle edition, 86.

예를 들어: 당신은 요즘 모두의 입에 오르내리고 있는 주식을 일단 사고 나서, 나중에 비로소 너무 많은 돈을 넣었다는 것을 깨닫게 된다. 당신의 잠재의식은 무리를 따라 질주할 뿐이지만, 당신은 2년 뒤에 그 주식의 가치가 두 배 이상 오를지 모른다는 생각으로 매입을 합리화한다.

30. 허무주의자가 되어라

무의미함: "카뮈는 인간이 끊임없이 의미를 찾지만 세상 어디에서도 의미를 찾지 못한다는 사실이 삶을 부조리하게 만든다고 본다. 거대한 역사적 사건부터 우리 모두가 살기 위해 쏟는 엄청난 노력에 이르기까지, 모든 것이 무의미해 보인다." 영어 원문: "To Camus, the fact that humans search ceaselessly for meaning but do not find it anywhere in the world renders life absurd; everything – from grand historical events to the great effort we all put into living our lives – seems pointless." 에밀리 에스파하니 스미스(Emily Esfahani Smith),《어떻게 나답게 살 것인가(The Power of Meaning)》, Penguin Random House UK, 2017, Kindle edition, 486.

허무주의적 사고방식에 빠지는 것은 생각보다 아주 쉽다: "바보라면 누구나 아무것도 중요하지 않은 시간대를 선택할 수 있다." 조던 피터슨(Jordan Peterson), "Any idiot can choose a frame of time within which nothing matters." https://www.goodreads.com/quotes/9770611-there-will-always-be-people-better-than-you-that-s-a-clich

'거대 서사'라는 개념은 포스트모더니즘(Postmodernism)의 창시자 중 하나인 프랑스 철학자 장 프랑수아 리오타르(Jean François Lyotard)의 저서에서 유래되었다.

여기에 자연 과학적 지식이 더해지면서 무의미함은 공간적 한계를 넘어서게 되었다. 즉 우주적 관점에서도 인생은 여전히 무의미하다는 사실을 확인한 것이다.

오늘날 미국인의 40퍼센트는 인생의 의미를 모르겠다고 말한다: "Four in ten Americans have not discovered a satisfying life purpose. And nearly a quarter of Americans – about one hundred million people – do not have a strong sense of what makes their lives meaningful." 에밀리 에스파하니 스미스,《어떻게 나답게 살 것인가》, Penguin Random House UK, 2017, Kindle edition, 384.

케네디 대통령의 나사 방문 일화 원문: "The ability to find purpose in the day-to-day tasks of living and working goes a long way toward building meaning. It was the mindset, for instance, adopted by the janitor John F. Kennedy ran into at NASA in 1962. When the president asked him what he was doing, the janitor apparently responded saying that he was 'helping put a man on the moon'." 에밀리 에스파하니 스미스의 책, 위와 동일. 이와 방향이 같은 문장이 하나 있다: "우리가 단순히 돌을 자를지라도 언제나 대성당을 마음속에 그려야 한다." 데이비드 토머스(David Thomas) & 앤드류 헌트(Andrew Hunt),《실용주의 프로그래머(The Pragmatic Programmer)》, Addison-Wesley, 1999, 10.

31. 늘 최악을 가정해라

재앙화에 관한 예: "안락의자에 앉아서 창문 너머 하늘을 바라보자. 약간의 재주만 있으면 곧이어 수포 같이 작은 원들이 당신 시야에 수없이 보일 것이다. 눈을 가만히 뜨고 있으면 천천히 아래로 가라

앉지만 눈을 깜빡거리면 다시 위로 솟아오른다. 또한 이 원들은 당신이 더욱 집중할수록 점점 더 많아지고 더 커지는 것처럼 보인다. 이 원들이 시야를 가득 채우면 당신은 시각 장애처럼 위험한 상태에 처했다고 생각할지 모른다. 그러면 안과를 찾아가자. 의사는 당신에게 아주 무해한 '비문증'이라고 설명할 것이다." 파울 바츨라비크(Paul Watzlawick), 《Anleitung zum Unglücklichsein》, Piper, 41.

24시간 안에 교통사고로 사망할 확률: 스위스에서는 매년 평균 215명이 교통사고로 사망한다. 도로 교통 이용자는 대략 400만 명이므로 365일로 나누면 0,00002퍼센트가 나온다. https://www.bfu.ch/de/dossiers/risiken-im-strassenverkehr/ 독일의 경우: 하루 평균 3000만 명이 도로 교통을 이용하며 2800명이 교통사고로 사망한다. https://de.statista.com/statistik/daten/studie/185/umfrage/todesfaelle-im-strassenverkehr/ 계산하면, 2800/30000000/365=0,000025퍼센트가 된다. 즉 스위스와 거의 비슷한 확률이다.

연간 수익률 10퍼센트는 미국의 S&P 500 지수를 적용한 것이다. 물론 더 정확히 하려면 증권 거래세, 거래 수수료, 배당 소득세 등을 공제해야 한다. 미국의 S&P 500은 전 세계에서 가장 인기 있는 투자 대상이다. "The average annualized return since its inception in 1928 through Dec. 31, 2023, is 9.90%. The average annualized return since adopting 500 stocks into the index in 1957 through Dec. 31, 2023, is 10.26%." https://www.investopedia.com/ask/answers/042415/what-average-annual-return-sp-500.asp

32. 돈이 없으면 없는 대로

이런 말이 있다: "파산한 사람들에게 깊은 인상을 남기려고 파산하지 말자." 영어 원문: "Don't go broke trying to impress broke people."

막스 프리쉬(Max Frisch), 《몬타우크(Montauk)》, Suhrkamp, Kindle edition, 193.

미래에 대한 또 다른 생각: "왜 현재의 목표보다 미래의 목표가 더 중요해야 하는가? … 왜 젊은이는 나이든 이후의 이해관계를 따지느라 솟아나는 열정을 억눌러야 하는가? 50년 후에 나와 같은 이름을 가지고 있을지 모를, 그 알지도 못하는 노인이 왜 다른 어떤 상상의 인물보다 지금의 나에게 더 중요한 사람이어야 하는가? … 미래의 나에게 신경을 쓰는 것은 현재의 나 자신에게 신경을 쓰는 것보다 더 이성적이거나 합리적이지는 않다." 존 그레이(John Gray), 《하찮은 인간, 호모 라피엔스(Straw Dogs)》, Farrar Straus and Giroux, 2007, 105. 나는 존 그레이와 달리 미래에 대한 투자를 복리 이자라고 본다. 따라서 현재 내가 포기한 소비는 비선형적으로 추가 자본을 생산해 내기에 매력적이다.

만약 저축을 하기 어렵다면 (어쩌면 당신은 수입이 많지 않거나 직장을 잃었을지도 모른다) 젊은 시절에 맨 처음 살았던 집을 떠올려 보자. 그때 당신이 거기서 무엇을 요리해 먹었는지, 어디서 휴가를 보냈는지, 돈을 어디에 썼는지 (쓰지 않았는지) 생각하며 '정말 필요한 것'과 '있으면 좋은 것'을 냉정하게 구별해 보자. 그러면 극히 적은 비용으로도 얼마든지 생계를 꾸릴 수 있다는 사실에 크게 놀랄 것이다. 아울러 무소유가 당신의 은행 계좌뿐 아니라 마음의 평화에 미치는 긍정적인 영향을 실감하게 될 것이다.

이미 가족이 있어서 첫 번째 조언을 받을 수 없다면: 매달 들어오는 것보다 나가는 것이 더 적도록 엄격히 관리하자. 이는 예로부터 내려오는 할머니의 원칙이기도 하다.

33. 자기 연민에 빠져라

현대 문학에서 그린 자기 연민의 예: 한 소설에서 이언 매큐언은 "삶이 당신에게서 빼앗아간 모든 것에 대한 실패감과 자기 연민의 감정을 당신이 배양한 것"이라고 묘사한다. 이언 매큐언, 《Lektionen》, Diogenes, Kindle edition, 679.

책임을 다른 사람에게 떠넘기는 것을 다른 말로 '책임 전가', 영어로는 'Blame shifting'이라고 한다.
핼 무어(Hal Moore) 중장의 영상: "나는 장미 정원을 약속한 적이 없다." https://www.youtube.com/watch?v=PJo6YZTbPXg
실패와 불운에 대한 찰리 멍거의 말 원문: "It's necessary to accommodate a lot of failure, and because no matter how able you are, you're going to have headwinds and troubles... If a person just keeps going on the theory that life is full of vicissitudes and just does the right thinking and follows the right values it should work out well in the end. So I would say, don't be discouraged by a few reverses." 피터 베블린(Peter Bevelin), 《All I Want To Know Is Where I'm Going To Die So I'll Never Go There》, PCA Publications, 2016, 57.
미국의 흑인 경제학자 토머스 소웰(Thomas Sowell)은 피해 의식을 날카롭게 비판한다: "피해자 이데올로기를 조장하는 이들은 자신이 밑바닥에 있는 사람들을 도와준다고 생각하지만 실제로는 그들에게 해를 끼치고 있다." 〈The Columbus Dispatch〉, 2013/12/3. https://www.dispatch.com/story/opinion/cartoons/2013/12/03/thomas-sowell-commentary-victimhood-is/24035607007/
요즘 대학가는 온 세상에 피해자 의식을 설득하기 위해 노력하는 이들로 가득하다. 이러한 태도는 '정치적 올바름(Political correctness, PC)' 또는 '워크(Woke)'라고 불린다. 정치권에서는 이를 정체성 정치(Identity politics)라고 한다. '자기 연민 카드' 이야기 원문: "You do not want to drift into self-pity. I had a friend who carried a thick stack of linen-based cards. When somebody would make a comment that reflected self-pity, he would slowly and portentously pull out his huge stack of cards, take the top one, and hand it to the person. The card said, 'Your story has touched my heart. Never have I heard of anyone with as many misfortunes as you.' Well, you can say that's waggery, but I suggest it can be mental hygiene. Every time you find you're drifting into self-pity, whatever the cause, even if your child is dying of cancer, self-pity is not going to help. Just give yourself one of my friend's cards. Self-pity is always counterproductive. It's the wrong way to think. And when you avoid it, you get a great advantage over everybody else, or almost everybody else, because self-pity is a standard response. And you can train yourself out of it." 찰리 멍거, 《가난한 찰리의 연감》, The Donning Company Publishers, Kindle edition, 297.
찰리 멍거의 철칙 원문: "Whenever you think that some situation or some person is ruining your life, it's actually you who are ruining your life. It's such a simple idea. Feeling like a victim is a perfectly disastrous way to go through life. If you just take the attitude that however bad it is in any way, it's always your fault and you just fix it as best you can..." 위와 동일.

34. 구속하고 집착하고 복종해라

두 사람이 주고받은 편지: 잉게보르크 바흐만(Ingeborg Bachmann) & 막스 프리쉬, 《Wir haben es nicht gut gemacht》, Suhrkamp, 2022.

35. 벼락 부자를 꿈꿔라

역사상 규모가 가장 큰 폰지 사기인 버나드 메이도프(Bernard Madoff) 사기로 인해 2008년에만 약 650억 달러의 피해액이 발생했다. 폰지 사기는 매번 다양한 형태로 등장하는데, 종종 암호 화폐 같은 새로운 기술을 활용하여 아무것도 모르는 투자자를 유인하기도 한다. 찰스 폰지의 사기극은 너무 좋아 보이는 투자 제안의 위험성을 경고하는 사례라고 할 수 있다. "사실이라고 하기에 너무 좋아 보이면 사실이 아니라는 뜻이다." 이처럼 훌륭한 격언은 시대를 초월한다.

"당신은 단 한 번만 부자가 되면 된다": 이 문장은 책의 제목이기도 하다. 월터 거트만(Walter Gutman), 《You Only Have To Get Rich Once》, Dutton, 1961. https://www.nytimes.com/1986/04/30/obituaries/walter-gutman-dies-an-analyst-and-artist.html

인덱스 펀드에 대하여: 10년 동안 액티브 펀드에 투자한 워런 버핏의 이야기를 참고하자, https://www.finanzen.net/nachricht/etf/hedgefonds-geschlagen-warren-buffett-gewinnt-10-jahres-wette-und-zeigt-worauf-es-beim-investieren-wirklich-ankommt-5685785. 더 구체적인 내용은 그의 저서에 담겨 있다: 워런 버핏, 《Letters to Shareholders 1965-2023》, Explorist Productions, Kindle edition, 1878.

36. 생각의 회전문에 빠져라

베르테르의 골몰이 돋보이는 또 다른 구절도 있다: "'안녕히 가세요, 사랑하는 베르테르 씨!' - 사랑하는 베르테르 씨! 그녀가 나보고 사랑한다는 말을 붙여서 부른 것은 이번이 처음이었고 그 말은 나의 골수에 사무쳤다. 나는 혼자서 그 말을 백 번도 더 되풀이했다. 그리고 밤이 되어 잠자리에 들며 홀로 횡설수설 중얼거리다가 '안녕히 주무세요, 사랑하는 베르테르 씨!' 라는 말이 잠결에 튀어나왔다. 그러고는 혼자서 웃지 않을 수 없었다." 요한 볼프강 폰 괴테(Johann Wolfgang von Goethe), 《젊은 베르테르의 슬픔(Die Leiden des jungen Werther)》, Hamburger Ausgabe, Kindle edition, 1장.

마르셀 프루스트(Marcel Proust)의 소설 《잃어버린 시간을 찾아서(Auf der Suche nach der verlorenen Zeit)》 또한 생각의 소용돌이에 빠진 주인공을 그린 위대한 작품이다. 화자인 마르셀은 종종 과거의 사건과 대화에 관한 구체적인 기억을 깊이 파고들며 분석하고 또 재분석한다. 그리하여 과거의 사건은 단순히 떠오를 뿐 아니라 생생하게 재현된다.

우리는 주로 인간관계 문제로 골머리를 앓는다. 예컨대 지난번 체르마트 여행에서 마터호른을 조금 더 오래 볼 걸 그랬다는 후회스런 생각에 사로잡히는 일은 극히 드물다.

37. 평판을 돈으로 바꿔라

최근의 사례: 약 160억 달러의 자산을 보유한 실리콘 밸리 투자자 안드레아스 베흐톨스하임(Andreas Bechtolsheim)은 내부자 거래에 연루되어 (그에게는 절대적으로 소소한) 40만 달러라는 금액으로 자신의 평판을 망치고 말았다. "In Silicon Valley, You Can Be Worth Billions and It's Not Enough", 〈The New York Times〉, 2024/4/23. https://www.nytimes.com/2024/04/23/technology/andreas-bechtolsheimin-insider-trading.html

워런 버핏의 말 원문: "It's insane to risk what you have and need for something you don't really need." https://www.thestreet.com/investing/warren-buffett-weighs-in-business-economy-14500016

버핏이 회사 CEO들에게 보내는 편지는 버크셔 해서웨이의 주주들에게 쓰는 연례 편지와는 비교할 수 없다. 그리고 CEO들에게 전달된 편지는 보통 공개되지 않는다.

또 하나의 개인적인 일화: 내가 책을 쓰기 시작하고 몇 년이 지났을 때, 한 기업가가 나를 찾아와 설탕 발린 전기를 집필해 달라며 백만 달러를 제안했다. 백만 달러를 받느냐 마느냐! 나는 나 자신과 씨름하다가 전기는 내 전문 분야가 아니라서 결국 거절했다. 불행인지 다행인지 몇 년 뒤에 그는 감옥에 들어갔다. 하마터면 나의 평판은 엉망이 될 뻔했다.

워런 버핏의 '신문 테스트' 원문: "We can't be perfect but we can try to be... We can afford to lose money – even a lot of money. But we can't afford to lose reputation – even a shred of reputation. We must continue to measure every act against not only what is legal but also what we would be happy to have written about on the front page of a national newspaper..." CEO들에게 보내는 편지, https://www.petefowler.com/blog/2011/03/21/warren-buffetts-biennial-letter

회색 지대에 관한 워런 버핏의 비유: "There's plenty of money to be made in the center of the court. If it's questionable whether some action is close to the line, just assume it is outside and forget it." CEO들에게 보내는 편지, 위와 동일.

마지막으로 한 가지 덧붙이면: 비록 당신은 부패하지 않았더라도 의심스러운 사람들을 멀리하자. 그런 사람들을 가까이하면 조만간 당신도 물들게 된다. 당신보다 더 나은 사람들과 함께하자. 좋은 동료는 반드시 좋은 삶을 보장해 준다.

38. 온실 속 화초가 되어라

젠슨 황(Jen-Hsun Huang)의 말 원문: "One of my advantages is that I have very low expectations. People with very high expectations have very low resilience. And unfortunately, resilience matters in success. I don't know how to teach it to you except for – I hope suffering happens to you! Greatness is not intelligence. Greatness comes from character. And character is formed out of people who have suffered. If I could wish upon you. For all of you Stanford students, I wish to all of you ample doses of pain and suffering." 스탠포드 대학교에서 진행된 2024 SIEPR 경제 서밋 대담, https://www.youtube.com/watch?v=cEg8cOx7UZk

몇몇 사람들은 이른바 은수저를 입에 물고 태어난다. 하지만 이들은 살다가 언젠가 난관에 봉착하기도 한다. 〈워싱턴 포스트〉의 전 발행인 캐서린 그레이엄(Katharine Graham)은 그 대표적인 예라고 할 수 있다. 그의 남편은 부정을 저지르고 우울증에 시달리다가 스스로 목숨을 끊었다. 기자 출신이지만 전업 주부로 살아온 그레이엄은 이후 〈워싱턴 포스트〉를 이끌고 펜타곤 페이퍼, 워터게이트 사건, 노조 파업 같은 도전에 직면하며 파산 위기까지 겪었다. 그럼에도 그레이엄은 모든 위기를 극복하며 더욱 강하고 눈부신 모습으로 다시 일어섰다. 캐서린 그레이엄, 《Personal History》, Knopf, 2002.

고통이 너무 극심하고, 너무나 날카롭고, 너무 오래 지속되면 부스트(Boost)가 일어나는 대신 부정적인 세계관이 형성되며 위험 회피를 비롯해 우울증으로 이어질 수도 있다. 가령 다수의 홀로코스트(Holocaust) 생존자들은 외상 후 스트레스 장애와 우울증 그리고 심각한 불안 장애에 시달렸다. 홀로코스트 기간 동안 경험한 트라우마는 이들의 정신 건강에 상당히 오랫동안 영향을 미쳤다.

39. 감정에 휩쓸려라

분노가 초래할 부정적인 결과를 (손상된 관계, 어리석은 투자, 날아간 기회 등) 깊이 생각하면 분노의 영향을 받아서 행동하는 것을 방지할 수 있다.

이를 소위 메타(Meta) 연구라고 한다: 카예르비크(Kjaervik, S. L.) & 부시먼(Bushman, B. J.), "A meta-analytic review of anger management activities that increase or decrease arousal. What fuels or douses rage?", 〈Clinical Psychology Review〉, 2024, 109, 102414.

자신과 감정을 동일시하지 말자. 그렇지 않으면 자기 충족적 예언에 빠지게 된다. 예를 들어 당신이 스스로 불안한 사람이라고 생각하면 실제로 더 불안해진다. 분노나 질투 심도 마찬가지다.

40. 스스로 목숨 끊기

우리는 자신의 감정을 제대로 예측할 수 없다: '정서적 예측'에 관한 자세한 설명, https://en.wikipedia.org/wiki/Affective_forecasting

대니얼 데닛(Daniel Dennett): https://www.edge.org/event/headcon-13-whats-new-in-social-science

철로 위에 누워 버리는 이기적인 인간이 되지는 말자: https://de.wikipedia.org/wiki/Schienensuizid

41. 잘못된 결혼을 지속해라

독일의 이혼율은 약 30퍼센트이다. https://www.bib.bund.de/DE/Fakten/Fakt/L131-Zusammengefasste-Ehescheidungsziffer-Deutschland-West-Ost-ab-1970.html. 스위스의 이혼율은 40퍼센트에 달한다. https://www.bfs.admin.ch/bfs/de/home/statistiken/bevoelkerung/heiraten-eingetragene-partnerschaften-scheidungen/scheidungshaeufigkeit.html. 당신 손에 들린 책의 저자도 이 수치에 기여한 바가 있다.

사람을 바꿀 수 없다는 사실을 뒷받침하는 연구 논문: 허드슨(Hudson, W. W.) & 프레일리(Fraley, R. C.), "Volitional personality trait change: Can people choose to change their personality traits?", 《Journal of Personality and Social Psychology》, 2015, 109(3), 490-507. 루오(Luo, S.) & 클로넨(Klohnen, E. C), "Assortative mating and marital quality in newlyweds: A couple centered approach", 《Journal of Personality and Social Psychology》, 2005, 88(2), 304-326.

"비참한 인생을 원한다면 상대방을 바꿀 의도를 가지고 그와 결혼하라", 찰리 멍거의 말 원문: "If you want to guarantee yourself a life of misery, marry somebody with the idea of changing them." 피터 베블린, 《All I Want To Know Is Where I'm Going To Die So I'll Never Go There》, PCA Publications, 2016, 108.

최종 결정을 내리기 전에 반드시 많은 (데이트) 표본을 가지고 있어야 한다: "라스베이거스의 슬롯머신에서 처음 만난 사람과 결혼을 하기로 결심한다면, 복권에 당첨될 수도 있겠지만 아마도 어리석은 생각일 것이다." 피터 틸(Peter Thiel)의 WSJ 인터뷰 영상, https://www.wsj.com/articles/peter-thiel-competition-is-for-losers-1410535536

비서 문제: https://en.wikipedia.org/wiki/Secretary_problem

"돈을 위해서 결혼하는 것은… 완전히 미친 짓이다", 워런 버핏의 말 원문: "I think that's kind of a crazy way to live. It's probably a bad idea under any circumstances, but absolute madness if you are already rich." 워런 버핏, 《Letters to Shareholders 1965-2023》, Explorist Productions, Kindle edition, 1985, 403.

42. 용서 없이 계속 원망 속에 살기

문학 작품에서 예를 하나 들면: 빅토르 위고(Victor Hugo)의 소설 《레 미제라블(Les Misérables)》 속 주인공 장 발장(Jean Valjean)이 있다. 수년간의 억울한 감옥살이를 마친 그는 지역의 주교를 만나, 억눌린 분노와 원한을 모두 해소한다.

실패로 돌아간 눈 수술 이야기 원문: "... in 1978, Munger underwent what he described as an old-fashioned cataract operation at the Good Samaritan Hospital in Los Angeles. 'This all happened 25 years ago', said Munger. 'A new and better operation had been invented, but I didn't pay attention – I just went along with the doctor that recommended the old one that he knew how to do. The new type of surgery had a complication rate of no more than 2 percent while the (surgery) I had had a 5 percent complication rate. The man who did the first operation? I won't tell you his name. A perfectly nice guy. Our family eye doctor. I made the mistake – the fault was mine.' After the surgery, Munger fell victim to a rare and devastating complication. 'I developed an epithelial downgrowth', he explained. 'A few cells of the outside of the eye got inside the eye, which is virtually impossible with the new operation. When that happens, the cells from the outside just proliferate. They take over the interior of the eye and raise the pressure, and that kills the optic nerve.' The condition is similar to cancer, except that the growth does not spread outside the eye. Munger was in such agony that he decided there was one thing worse than a blind eye, and that was a blind eye that hurt. In 1980 Munger had the doctors eviscerate, or scoop out, the innards of the left eye and cover the eyeball with a glass eye." 자넷 로우, 《찰리 멍거 자네가 옳아!》, John Wiley & Sons, 2000, Kindle edition, 146.

멍거의 철칙 원문: "Every time you think some person, or some unfairness is ruining your life, it is you who are ruining your life." 위와 동일, 224.

대선 이후 〈워싱턴 포스트〉의 캐서린 그레이엄이 받은 편지는 원망과 같은 독성의 감정이 어떻게 소멸되는지를 보여주는 사례이다: "I agreed with a charming message I got from George McGovern after he had been defeated for the presidency. He recalled making some bitter remarks about a couple of our columnists at a dinner party but wrote me: I have regretted that outburst and I have also established that the maximum time I can carry a grudge is about three months. This note is simply to say that I have now forgotten all campaign grudges. It is just too difficult trying to remember which people I'm supposed to shun. With rare exceptions, I feel strongly that McGovern's rule is an appropriate one for all of us. The longer I live, the more I observe that carrying around anger is most debilitating to the person who bears it." 캐서린 그레이엄, 《Personal History》, Knopf, 2002, 604.

원망에 대한 찰리 멍거의 생각: "조니 카슨(Johnny Carson)의 연설처럼 원망은 나에게도 언제나 효과적이었다. 비참한 삶을 원한다면 이보다 더 추천할 만한 것은 없다… 인생은 원망이라는 쓰디쓴 껍질을 굳이 씹어 먹지 않아도 이미 충분히 삼키기 어려운 것이다." https://jamesclear.com/great-speeches/how-to-guarantee-a-life-of-misery-by-charlie-munger

또 다른 비법: 영국의 전 총리 벤저민 디즈레일리(Benjamin Disraeli)는 자신에게 잘못을 저지른 사람들의 이름을 쪽지에 적고 서랍에 넣어두었다. 그러면서 그의 원한은 사라졌다. 이후 디즈레일리는 아주 가끔씩 몇 년 간격으로 서랍을 열고 그 이름들을 읽으며, 자신의 도움 없이도 세상이 알아서 적들을 무너뜨렸다는 사실에 기뻐했다. 찰리 멍거의 버전은 조금 더 길다: "For those of you who want misery, I also recommend refraining from practice of the Disraeli compromise, designed for people who find it impossible to quit resentment cold turkey. Disraeli, as he rose to become one of the greatest Prime Ministers, learned to give up vengeance as a motivation for action, but he did retain some outlet for resentment by putting the names of people who wronged him on pieces of paper in a drawer. Then, from time to time, he reviewed these names and took pleasure in noting the way the world had taken his enemies down without his assistance." 찰리 멍거, 《가난한 찰리의 연감》, The Donning Company Publishers, Kindle edition, 71.

43. 이념에 몰두해라

통일교: https://en.wikipedia.org/wiki/Unification_Church, 통일교에 대해 찰리 멍거는 다음과 같이 덧붙인다: "약간 불행하지만 지극히 평범한 아이를 주말 동안 시골로 데려가, 평생 길가에서 꽃을 파는 세뇌된 좀비로 만들려면 어떻게 해야 할까? 통일교는 같은 방향으로 작동하는 여러 심리적 경향을 한데 결합시켜 이를 가능하게 한다. 비참한 인식을 유발하는 트릭은 20가지 정도 되는데 통일교는 그 가운데 4개, 5개, 6개, 7개 또는 8개를 동시에 사용하는 법을 알아냈다." https://cmqinvesting.substack.com/p/the-charlie-munger-guide-to-lollapalooza

대니얼 데닛의 말 원문: "There's simply no polite way to tell people they've dedicated their lives to an illusion." 〈The New York Times〉, 2024/4/19. https://www.nytimes.com/2024/04/19/books/daniel-dennett-dead.html

재산의 허구성: 우리가 땅을 아무리 파헤쳐도 소유주의 이름이 적힌 쪽지는 어디에서도 발견되지 않는다. 그럼에도 우리는 이웃의 집이 내 것이 아니라 그의 것이라는 사회적 관습을 받아들인다.

올바른 세계 질서의 허구성: 법치주의에 기초한 세계 질서는 어느 시대에 해당될까? 오늘날의 세계

질서? 1945년의 질서? 1914년이나 1815년, 아니면 고대의 세계 질서는 또 어떤가?

존엄성의 허구: 존엄은 어떻게 생겨날까? 그리고 정확히 언제일까? 맨 앞의 정자가 난자와 처음 상호작용을 할 때? 아니면 30억 쌍의 DNA 염기 가운데 마지막 쌍이 재결합을 할 때?

과학과 진리의 진지함에 대한 반박: 파울 파이어아벤트(Paul Feyerabend)의 인터뷰 영상을 참고하자, https://www.youtube.com/watch?v=sE1mkIb1nmU

조롱과 풍자의 역할: "How much truth is contained in something can be best determined by making it thoroughly laughable and then watching to see how much joking around it can take. For truth is a matter that can withstand mockery, that is freshened by any ironic gesture directed at it. Whatever cannot withstand satire is false." 페터 슬로터다이크(Peter Sloterdijk), 《냉소적 이성 비판(Critique of Cynical Reason)》, The University of Minnesota Press, 1987, 288.

44. 타인을 바꾸려고 애써라

테오도어 폰타네(Theodor Fontane)는 소설 《에피 브리스트(Effi Briest)》에서 이와 비슷한 이야기를 그린다. 소설의 주인공 에피는 당대의 엄격한 사회적 요구에 맞추려고 노력한다. 그의 남편 인스테텐 남작(Baron von Innstetten) 또한 에피를 프로이센의 완벽한 가정주부로 바꾸려고 한다. 에피는 충실한 아내가 되기 위해 애쓰지만 젊음의 가벼움을 억누르지는 못한다. 자살로 생을 마감하지는 않지만 끝내 에피는 외로움 속에서 죽음을 맞이한다.

"비참한 인생을 원한다면 상대방을 바꿀 의도를 가지고 그와 결혼하라", 찰리 멍거의 말 원문: "If you want to guarantee yourself a life of misery, marry somebody with the idea of changing them." 피터 베블린, 《All I Want To Know Is Where I'm Going To Die So I'll Never Go There》, PCA Publications, 2016, 108.

청소년기 아이들에게 가장 큰 영향을 미치는 것은 부모도 교사도 소셜 미디어도 아니고, 자신을 제일 많이 비교하는 또래 친구들이기 때문이다. 팁을 하나 전하자면: 당신보다 더 나은 사람들로 주변을 둘러싸자. 그러면 당신의 인격도 더 높아질 것이다. 거꾸로도 마찬가지다. 두 번째 예외도 있는데: 향정신성 약물은 사람의 성격을 변화시킨다.

설령 우리가 그럴 수 있다 하더라도 (자신의 성격이든 타인의 성격이든) 한 사람의 성격을 바꾸어도 되는지에 관한 윤리적 문제도 남아 있다. 변화된 사람은 원래의 그 사람이 아닌 다른 누군가이기 때문이다. 예를 들어 내가 친구를 바꾸는 데 성공했다면 그의 예전 성격은 지웠을 것이다. 그러면 그는 더 이상 존재하지 않고 이제 다른 누군가가 존재하게 된다. 내가 그를 바꾸기 전에 그의 동의를 얻었다 하더라도, 변화된 친구는 이제 다른 사람이기 때문에 내가 시도한 성격 개조를 불쾌하게 여길지 모른다. 어쩌면 그는 변화된 성격으로 인해 내가 더 이상 친구로서 흥미롭지 않다며 나와의 관계를 단절할 수도 있다. 변화된 친구의 사회적 환경은 말할 것도 없다. 데렉 파핏(Derek Parfit)은 저서 《Other Minds》를 통해, 토마스 네이글(Thomas Nagel)은 《Reasons and Persons》에서 이 문제를 광범위하게 다루었다.

45. 내 생각은 말이야

진실은 인간에게 감당할 만하다: 잉게보르크 바흐만, "Die Wahrheit ist dem Menschen zumutbar." 1959년 3월, "전쟁 맹인 방송극 문학상(Hörspielpreis der Kriegsblinden)" 수락 연설.

잉게보르크 바흐만과 막스 프리쉬는 서로에게 전적으로 솔직할 것을 굳게 약속한다: 잉게보르크 바흐만 & 막스 프리쉬, 《Wir haben es nicht gut gemacht》, Suhrkamp, 2022, 129.

2023년까지 부회장으로 재직하며 워런 버핏에게 날카로운 조언을 건넨 찰리 멍거는 안타깝게도 그해 11월에 99세의 나이로 별세했다.

2024년 버크셔 해서웨이 주주 총회 발언: "Do not ask what we are buying or selling. Even if the information is public, we do not discuss how we arrive at our decisions. We also will not discuss politics. Any other subjects are fair game." https://www.berkshirehathaway.com/meet01/visguide2024.pdf

46. 가능한 모든 일을 동시에 해라

칼 뉴포트(Cal Newport), 《딥 워크(Deep Work)》, Grand Central, 2016.

우리의 두뇌가 두 개 이상이라면 멀티태스킹을 성공적으로 해낼 수 있을 것이다.

소피 리로이(Sophie Leroy), "Why is it so hard to do my work? The challenge of attention residue when switching between work tasks", 〈Organizational Behavior and Human Decision Processes〉, 2009, 109(2), 168-181. https://www.sciencedirect.com/science/article/pii/S0749597809000399

47. 피상적으로 일해라

'피상적인 작업'과 '딥 워크'는 모두 칼 뉴포트의 저서에서 나온 개념이다: 칼 뉴포트, 《딥 워크》, Grand Central, 2016.

안타깝게도 우리의 인생에서 모든 저강도 활동을 없앨 수는 없다. 특히 사적인 영역에서 일말의 불모지는 순순히 받아들여야 한다. 장보기, 잔디 깎기, 청소하기, 공과금 납부하기, 아이들 놀이터에서 무료하게 앉아 있기 등.

필립 로스(Philip Roth)의 말 원문: "The concentration, the focus, the solitude, the silence, all the things that are required for serious reading are not within people's reach anymore." 〈Reuters〉, 2020/10/5. https://www.reuters.com/article/lifestyle/philip-roth-reflects-on-novels-decline-and-nemesis-idUSTRE6942MM/

이언 매큐언의 말 원문: "Generally, the afternoons, I try to leave for reading. Take the reading seriously – between 2 and 4. Not answer the phone, because I am reading… I remember when I was a devoted reader as a child, if you were reading a book people would assume you are doing nothing, and they would talk to you. If someone was playing tennis you wouldn't walk onto the court and start engaging him in a conversation. Reading is at least as important as playing tennis." https://www.youtube.com/watch?v=KBrCngwREXg

찰리 멍거의 집중력: "I don't look at waiter's faces, so I never recognize them later… It's a terrible habit to live with. Very embarrassing. I'm always thinking about other things. I forget to look around." 자넷 로우, 《찰리 멍거 자네가 옳아!》, John Wiley & Sons, 2000, Kindle edition, 61. "Charlie has enormous powers of concentration." 멍거의 초기 파트너 오티스 부스(Otis Booth)의 말. "When he concentrates, everything else goes away." 위와 동일.

워런 버핏의 전기 작가 앨리스 슈뢰더(Alice Schroeder)가 전하는 찰리 멍거 일화: "Munger was famous for getting into cabs while people were talking to him as if he did not hear them and for disappearing through doors the second he finished talking without waiting for a response." 앨리스 슈뢰더, 《스노볼(The Snowball)》, Bantam, 2008, Kindle edition, 399.

빌 게이츠(Bill Gates)의 초집중력: "Gates worked with such intensity for such lengths… that he would often collapse into sleep on his keyboard in the middle of writing a line of code. He would then sleep for an hour or two, wake up, and pick up right where he left off." 칼 뉴포트, 《딥 워크》, Grand Central, 2016, 257. 시어도어 루스벨트(Theodore Roosevelt)와 피터 힉스(Peter Higgs)의 사례 또한 이 책에 실

려 있다.

주의와 집중을 시인 메리 올리버(Mary Oliver)만큼 시적으로 표현한 사람은 없을 것이다: "영혼은 존재한다. 그리고 영혼은 온전한 주의를 기울여야만 이루어진다. 이는 내가 아는 가장 멋지고 지혜로운 것이다." 데이비드 브룩스, "The Quiet Magic of Middle Managers", 〈The New York Times〉, 2024/4/11.

48. 주변에 이상한 사람을 두어라

찰리 멍거의 말 원문: "I just laid out a wonderful life lesson for you. Give a whole lot of things a wide berth... Crooks, crazies, egomaniacs, people full of resentment, people full of self-pity, people who feel like victims - there's a whole lot of things that aren't going to work for you; figure out what they are and avoid them like the plague." 2017년 미시간 대학교 로스 비즈니스 스쿨에서 열린 대담, https://www.youtube.com/watch?v=S9HgIGzOENA&t

아들에게 셔츠 두 벌을 선물한 사이코 어머니: 파울 바츨라비크, 《Anleitung zum Unglücklichsein》, Piper, 85. 또 다른 예도 있는데: "이런 유형의 사람은 진지하게 혹은 농담으로 받아들일 수 있는 말이나 행동을 하고 나서, 상대방의 반응에 따라 심각한 문제를 웃음거리로 만들었다고 또는 유머 감각이 없다고 비난한다." 위와 동일, 100.

나르시시스트: "사람들은 내가 이 프로젝트에 함께하고 있다는 사실에 감사해야 해."

"애착이 제로베이스" 상태인 사람: "Warren (Buffett) is humanly wise, too, so naturally I began to share with him things in my private life. His comments always helped. One day I called him because I had been hurt by a friend. Don't forget, he told me, she has zero-based affection, meaning that you always had to start from scratch, with no reservoir of goodwill or of love." 캐서린 그레이엄, 《Personal History》, Knopf, 2002, 604.

"우리는 불편하거나 흥미롭지 않은 관계로 X의 110퍼센트를 실현하기보다, 우리가 강렬하게 좋아하고 존경하는 사람들과 관계를 맺으며 X만큼의 수익을 달성하길 원한다." 워런 버핏, 《Letters to Shareholders 1965-2023》, Explorist Productions, Kindle edition, 445.

49. 항상 경쟁해라

경쟁은 패자나 하는 짓이다: 피터 틸, "Competition is for losers." 스탠포드 비즈니스 스쿨 강연, https://www.youtube.com/watch?v=3Fx5Q8xGU8k

성공적인 인생의 비결은 경쟁을 덜하는 것이다: 워런 버핏, "The secret of life is weak competition." https://buffett.cnbc.com/video/1998/05/04/buffett-the-secret-of-life-is-weak-competition.html

제니퍼 다우드나(Jennifer Doudna)의 말 원문: "I've looked for opportunities where I can fill a niche where there aren't too many other people with the same skill sets." 월터 아이작슨, 《코드 브레이커》, Simon & Schuster, Kindle edition, 6.

피터 틸: "지속적인 가치를 창출하고 보유하고 싶다면 독점을 구축해야 한다." WSJ 인터뷰, https://www.wsj.com/articles/peter-thiel-competition-is-for-losers-1410535536

캐나다 출신의 로저 마틴은 세계 최고의 전략 전문가로 꼽힌다. 전략이란 자신이 최고가 될 가능성이 높은 경기장을 선택하는 것이다. 그 시장이 얼마나 큰지는 중요하지 않으며, 핵심은 자신이 이길 가능성이 아주 높은 틈새를 만드는 것이다.

헨리 키신저의 말 원문: "The reason that university politics is so vicious is because stakes are so small." https://www.goodreads.com/quotes/609695-the-reason-that-university-politics-is-so-vicious-is-

because
서로 빗을 차지하려고 싸우는 두 대머리 남자: https://jungle.world/artikel/2022/25/zwei-kahle-und-ein-kamm

50. 어떤 것이든 '좋다'고 말해라

그 약속이 당장 내일이라고 생각하자: 내 친구 가이 스피어(Guy Spier)가 알려준 팁이다.

워런 버핏의 말 원문: "Please turn down all proposals for me to speak, make contributions, intercede with the Gates Foundation, etc. Sometimes these requests for you to act as intermediary will be accompanied by It can't hurt to ask. It will be easier for both of us if you just say no." 피터 베블린, 《All I Want To Know Is Where I'm Going To Die So I'll Never Go There》, PCA Publications, 2016, 52.

5초 거절 법은 찰리 멍거의 말을 참고한 것이다: "The other thing is the five-second no. You've got to make up your mind. You don't leave people hanging." 자넷 로우, 《찰리 멍거 자네가 옳아!》, John Wiley & Sons, 2000, Kindle edition, 54.

아일랜드의 작가 조지 버나드 쇼(George Bernard Shaw)는 초대에 대해 비외교적인 반응을 보이기도 했다. 그는 에든버러 노동당의 초대에 다음과 같은 답을 보냈다. "차라리 익사하는 편이 더 쉽고 즐거울 듯합니다." 영어 원문: "It would be easier and pleasanter to drown myself." https://news.lettersofnote.com/p/i-decline-to-sit-in-a-hot-room-and

우리가 잘 거절하지 못하는 두 번째 이유는 이른바 '포모(FOMO)' 때문이다. '놓치는 것에 대한 두려움(Fear of missing out)'을 뜻하는 포모는 근거가 전혀 없다. 살면서 우리가 놓치는 것은 수백만 가지에 달한다. 핵심은 얼마나 많이 아느냐가 아니라 당신이 선택한 것이 실제로 당신의 목표와 일치하는지 여부이다.

세네카(Lucius Annaeus Seneca)의 글 영어 원문: "It is not that we have a short time to live, but that we waste a lot of it... So it is: we are not given a short life but we make it short, and we are not ill-supplied but wasteful of it... Life is long if you know how to use it." https://www.themarginalian.org/2014/09/01/seneca-on-the-shortness-of-life/

51. 스마트 기기로 삶을 채워라

물건보다 경험을 사는 것이 훨씬 더 낫다: 제임스 햄블린(James Hamblin), "Buy Experiences, Not Things", 〈The Atlantic Magazine〉, 2014/10/7.

곤도 마리에(Marie Kondo), 《정리의 힘(Magic Cleaning)》, Rowohlt, Reinbek bei Hamburg, 2013.

52. 콘텐츠의 홍수에 빠져라

구 트위터 현 엑스(X)의 트윗 개수: https://whatsthebigdata.com/twitter-statistics/#

그리고 이는 사람이 생산한 콘텐츠에만 해당된다. 조만간 인공 지능은 콘텐츠의 대홍수를 만들어 낼 것이다.

또 하나의 필터: 유료 콘텐츠는 종종 무료 콘텐츠보다 더 엄격한 검토를 거친다. 무료 콘텐츠는 광고나 선전, 편견이나 선입견, 또는 명백한 오류를 담고 있을 가능성이 높다. 따라서 정보의 출처에 주의를 기울여야 한다. 또한 합성의 함정에 빠지지 않도록 조심하자. 합성 콘텐츠가 급증하면서 알고리즘에 따라 생성된 클릭 유도 미끼와 진짜 지식을 구별하기가 점점 더 어려워지고 있다. 그러니 경계를 늦추지 말자. 콘텐츠가 지나치게 개인화되어 있거나 너무 완벽해 보인다면 주의해야 한다.

맺음말 그리고 감사의 말

시스티나 성당 이야기: "On the ceiling of the Sistine Chapel, Adam and God touch fingers. To the uneducated eye it is not clear who is creating whom. We are supposed to assume God's the one doing the creating, and much of the world thinks so. To anybody who has read the history of the ancient world, it is crystal clear by contrast that, in the words of the title of Selina O'Grady's book on the subject, Man Created God." 매트 리들리(Matt Ridley), 《The Evolution of Everything》, Harper Collins, 2015, Kindle edition, 14장.

워런 버핏의 역할 전환: "I would also always ask, if our roles were reversed, what questions would you ask me if I were running your business?" 피터 베블린, 《All I Want To Know Is Where I'm Going To Die So I'll Never Go There》, PCA Publications, 2016, 164.

"합리적인 결정을 내리기에 실제로 인간에게 주어진 시간과 지적 능력은 제한적이므로, 사람들은 단순한 경험 법칙인 휴리스틱(Heuristics)을 기반으로 의사결정을 내린다… 그리고 일종의 어림짐작인 휴리스틱의 활용은 사람들이 예측 가능한 실수를 저지르게 만든다." 리처드 탈러, 《똑똑한 사람들의 멍청한 선택》, W. W. Norton & Company, Kindle edition, 21.

**DIE
NOT-
TO-DO
LISTE**

옮긴이 **장윤경**

숙명여자대학교에서 정치외교학과 독어독문학을 전공한 뒤, 독일 프랑크푸르트대학교와 다름슈타트대학교에서 공동으로 국제관계학 석사 학위를 취득했다. 귀국 후 다양한 분야에서 통역과 번역 활동을 해왔으며, 현재 출판 번역 에이전시 베네트랜스에서 전문 번역가로 활동하고 있다.
옮긴 책으로는 《생각 끊기의 기술》《가뿐하게 아니라고 말하는 법》《정신과 의사의 소설 읽기》《모멸감, 끝낸다고 끝이 아닌 관계에 대하여》《공감하는 유전자》 등이 있다.

인생을 바꾸고 싶다면 그렇게 살지 마라

초판 1쇄 인쇄 2025년 6월 18일 | 초판 1쇄 발행 2025년 7월 1일

지은이 롤프 도벨리 | 그린이 엘 보초 | 옮긴이 장윤경

펴낸이 신광수
출판사업본부장 강윤구 | **출판개발실장 위귀영**
단행본팀 김혜연, 조기준, 조문채, 정혜리
출판디자인팀 최진아, 당승근 | **출판기획팀** 정숭재, 김마이, 이아람, 전지현
출판사업팀 이용복, 민현기, 우광일, 김선영, 신지애, 이강원, 정유, 정슬기, 허성배, 정재욱, 박세화, 김종민, 정영묵
출판지원파트 이형배, 이주연, 전효정, 이우성, 장현우

펴낸곳 (주)미래엔 | 등록 1950년 11월 1일(제16-67호)
주소 06532 서울시 서초구 신반포로 321
미래엔 고객센터 1800-8890
팩스 (02)541-8249 | 이메일 bookfolio@mirae-n.com
홈페이지 www.mirae-n.com

ISBN 979-11-7347-769-0 (03190)

* 와이즈베리는 ㈜미래엔의 성인단행본 브랜드입니다.
* 책값은 뒤표지에 있습니다.
* 파본은 구입처에서 교환해 드리며, 관련 법령에 따라 환불해 드립니다.
  다만, 제품 훼손 시 환불이 불가능합니다.

> 와이즈베리는 참신한 시각, 독창적인 아이디어를 환영합니다.
> 기획 취지와 개요, 연락처를 bookfolio@mirae-n.com으로 보내주십시오.
> 와이즈베리와 함께 새로운 문화를 창조할 여러분의 많은 투고를 기다립니다.